WIEBKE-LENA LAUFER

WEGE ZUM ICH

WIEBKE–LENA LAUFER

WEGE ZUM
ICH

Klar, selbstbestimmt
& kraftvoll leben

Bibliografische Information der Deutschen Nationalbibliothek:
Die Deutsche Nationalbibliothek verzeichnet diese Publikation
in der Deutschen Nationalbibliografie; detaillierte bibliografische Daten
sind im Internet über http://dnb.d-nb.de abrufbar.

1. Auflage 2019
© jkamphausen in Kamphausen Media GmbH, Bielefeld 2019
Umschlagmotiv: © iStockphoto I Oleksandr Chaban
Illustrationen: Wiebke-Lena Laufer, Bielefeld
Layout und Satz: Gesine Beran, Turin, Italy
Gesamtherstellung I Druck: CPI books GmbH, Leck
Printed in Germany

ISBN 978-3-95883-374-6 | ISBN E-BOOK 978-3-95883-375-3
www.kamphausen.media

INHALT

VORWORT | 11

1 | LANDKARTE FÜR IHRE WEGE ZUM ICH | 13

Für wen? | 15

Was Sie erwartet | 18

Gebrauchsempfehlung | 22

Die Sache mit »Gott« | 24

Zusammenfassung und Übung | 28

TEIL I
ENTDECKUNGSREISE NACH INNEN | 30

2 | INNENSCHAU UND ALLTAG | 33

Wozu nach innen gehen? | 34

Wer bin ich? | 39

Dem Leben antworten | 46

Businesskleidung und Meditationskissen | 52

Zusammenfassung und Übung | 60

3 | ZUGANG ZUR INNEREN LANDSCHAFT | 63

Die Sprache der Seele | 64

Zum Thema »Erwartungen« | 71

Übungspraxis passgenau | 76

Souvenirs von der inneren Reise | 80

Zusammenfassung und Übung | 88

TEIL II
ANGEBOTE ZUR INNENSCHAU | 90

4 | NACH INNEN GEHEN | 93
Lebensthemen begegnen | 94
Durch Widerstände hindurch | 100
Innenschau planen | 104
Elemente für Übungsformate | 111
Zusammenfassung und Übung | 118

5 | »WEISHEIT« | 121
Einstimmung | 121
Fragespuren | 123
Inspirationstext | 123
Innenschau | 127
Zusammenfassung | 128

6 | »LEBENSORDNUNG« | 131
Einstimmung | 131
Fragespuren | 133
Inspirationstext | 133
Innenschau | 136
Zusammenfassung | 137

7 | »HERZENSKRAFT« | 141
Einstimmung | 141
Fragespuren | 143
Inspirationstext | 143
Innenschau | 147
Zusammenfassung | 148

8 | »DIE STURMSTILLUNG« | 151

Einstimmung | 151

Fragespuren | 153

Inspirationstext | 153

Innenschau | 157

Zusammenfassung | 158

9 | »ICH SEHE DICH« | 161

Einstimmung | 161

Fragespuren | 163

Inspirationstext | 163

Innenschau | 164

Zusammenfassung | 165

10 | »LEBENSENERGIE« | 169

Einstimmung | 169

Fragespuren | 171

Inspirationstext | 171

Innenschau | 174

Zusammenfassung | 175

11 | »DIE TORHEIT DES KREUZES« | 179

Einstimmung | 179

Fragespuren | 181

Inspirationstext | 181

Innenschau | 183

Zusammenfassung | 184

12 | »FREIHEIT« | 187

Einstimmung | 187

Fragespuren | 189

Inspirationstext | 189

Innenschau | 191

Zusammenfassung | 192

13 | »MEIN SEELENFELD« | 195

Einstimmung | 195

Fragespuren | 197

Inspirationstext | 197

Innenschau | 200

Zusammenfassung | 201

14 | »AM OSTERMORGEN« | 205

Einstimmung | 205

Fragespuren | 207

Inspirationstext | 207

Innenschau | 208

Zusammenfassung | 210

15 | »EINFACHE WEIHNACHT« | 213

Einstimmung | 213

Fragespuren | 215

Inspirationstext | 215

Innenschau | 217

Zusammenfassung | 218

16 | »DIE GÖTTLICHE ORDNUNG DES LEBENS« | 221

Einstimmung | 221

Fragespuren | 223
Inspirationstext | 223
Innenschau | 224
Zusammenfassung | 226

TEIL III
PERSPEKTIVEN | 229

17 | ENDE ODER NEUBEGINN? | 231
Und jetzt? | 232
Innere Klarheit und äußere Realität | 234
Auf der Übungsmatte des Lebens | 245
Schritt für Schritt | 248
Zusammenfassung und Übung | 252

18 | GEMEINSAM STATT EINSAM | 255
Wenn das System wackelt | 256
Konsequenz mit Liebe verbinden | 259
Inspirieren und inspiriert werden | 263
Wie sieht eine Erde aus, auf der wir … | 266
Zusammenfassung und Übung | 270

ÜBER DIESES BUCH | 272

NACHWORT | 275

DANK | 276

ÜBER DIE AUTORIN | 279

FARBBILDER | 285

VORWORT

IN MEINEN TEENAGERJAHREN wurde ich einmal gefragt, was meine Motivation sei, Lehrerin zu werden. Meine Antwort lautete sinngemäß: »Wenn es mir gelingt, das Leben eines einzelnen Kindes auf eine Weise zu berühren, die ihm dazu dient, seinen ganz eigenen, individuellen Lebensweg zu gehen, dann hat sich meine Arbeit gelohnt.«

Ähnliches könnte ich über meine Motivation sagen, dieses Buch zu schreiben: »Wenn es einem einzelnen Menschen dazu dient, sich selbst zu stärken, die eigene Verantwortung noch genauer zu kennen und zu übernehmen und schließlich aus einer Freiheit in sich selbst und zu sich selbst heraus zu leben, dann hat sich meine Arbeit gelohnt. Meine Arbeit hat sich gelohnt, wenn ich einen Beitrag leisten durfte, damit sich der Einzelne in die schönste und liebevollste Version seiner selbst hineinentwickelt.«

Sind Sie dieser Mensch? Ich wünsche Ihnen, dass Sie – genau Sie (!) – sich von dieser Liebeserklärung des Lebens an Sie berühren lassen, die Sie gerade in Händen halten. Möge Ihnen dieses Buch zu einer Inspiration auf Ihren WEGEN ZUM ICH werden, die Sie darin stärkt, Ihr Leben noch klarer, noch selbstbestimmter, noch kraftvoller zu führen.

Gewidmet dem ALLES-IN-ALLEM.

Bielefeld, im Januar 2019
Wiebke-Lena Laufer

1 | LANDKARTE FÜR IHRE WEGE ZUM ICH

DIES IST EINE LANDKARTE für Ihre *WEGE ZUM ICH*. Zwar kennt dieses Buch die Wege nicht, die Sie schon gegangen sind, die Sie gerade gehen und die Sie noch gehen werden, und doch kann es Sie dabei begleiten, die innere Landschaft Ihrer einzigartigen Persönlichkeit zu erkunden.

Möchten Sie noch mehr in Ihre eigene Kraft kommen und sich Ihrem Leben mit Freude und Hingabe stellen? Haben Sie Lust dazu, Ihre eigene Strahlkraft noch stärker zu zeigen? Dann lädt Sie diese Landkarte zu einer Entdeckungsreise nach innen ein. Sie weist Sie auf die schönen Gegenden

Ihrer inneren Landschaft hin, die Sie vielleicht längst vergessen haben. Sie vergegenwärtigt Ihnen die Majestät der Gipfel und die Tiefgründigkeit der Schluchten Ihres Lebens. Sie lädt Sie dazu ein, wieder über die Vollkommenheit der zarten Blumen am Wegesrand zu stauen und die erhabene Standfestigkeit uralter Bäume zu ergründen, die allesamt aus dem Erdreich Ihres Daseins hervorgegangen sind.

Diese Landkarte gibt Ihnen Halt, wenn Sie durch peitschenden Regen und tosende Winde gehen, und zeigt Ihnen einen Ort der Stille und der Geborgenheit, an dem Sie sich ausruhen und sich von der Sonne wieder erwärmen, auftanken und zärtlich berühren lassen können. Sie bekommen also einen Reisebegleiter zur Seite gestellt, der mit Ihnen gemeinsam ein Abenteuer bestreiten möchte, um etwas überbordend Schönes zu ergründen: Sie selbst!

Bin wirklich ich gemeint? Das könnte eine Ihrer ersten Fragen sein. Passt diese Landkarte auch für mich?

FÜR WEN?

SIND SIE WEIBLICH ODER MÄNNLICH? Sind Sie alleinstehend oder liiert? Lieben Sie heterosexuell, homosexuell, bisexuell oder asexuell? Sind Sie erfolgreich im Business oder fehlt es Ihnen derzeit an einer beruflichen Perspektive? Zählen Sie sich selbst zu den materiell Wohlhabenden oder haben Sie finanzielle Sorgen? Schauen Sie eher schwermütig oder mit Leichtigkeit auf sich und diese Welt? Bezeichnen Sie sich als religiös, als atheistisch oder als agnostisch? Ist Ihnen Spiritualität wichtig oder haben Sie sich bisher weniger mit den ungreifbaren Aspekten des Lebens befasst?[1] Wer auch immer Sie sind, was auch immer Sie gerade auszeichnet, was die Philosophie Ihres Lebens auch sein mag:

SIE SIND WILLKOMMEN!

Sie sind willkommen, und zwar genau so, wie Sie sind. Alles, was Sie hier vorfinden, ist auch für Sie entstanden! Informationen, Bilder, Übungen, Erinnerungen, Fragen und Inspirationstexte sind dafür da, Sie auf Ihrer Reise zu sich selbst zu inspirieren, zu leiten und zu stärken.

---

[1] Dieses Buch ist ein Gespräch von Mensch zu Mensch. Es achtet die Würde jedes Einzelnen. Meines Erachtens ist gegenseitige Wertschätzung eine Haltung, die auch unabhängig von verwendeten Sprachformen tragfähig sein muss. Der besseren Lesbarkeit halber verzichte ich auf die gleichzeitige Verwendung von weiblichen und männlichen Sprachformen. Beschreibungen gelten gleichermaßen für jeden, der sich angesprochen fühlen möchte.

Diese Landkarte ist ein Begleiter für Entdeckungsreisen, die so vielfältig sind, wie wir, die Reisenden. Sie ist dann für Sie geeignet, wenn Sie bereit dazu sind, sich jenseits von gewohnten Routen selbst wahrhaftig zu begegnen. Sie sind hier richtig, wenn Sie sich daran erinnern möchten, dass in Ihnen das Wissen vorhanden ist, das Sie brauchen, um Ihr persönliches Leben stimmig zu führen.

Wenn Sie Ihre *WEGE ZUM ICH* also auf Ihre ganz eigene Weise gehen möchten, dann steht Ihnen diese Landkarte als Begleiter zur Seite. Fühlen Sie sich in diesem Sinne willkommen geheißen und lassen Sie den Zugang zu Ihrer inneren Weisheit lebendig werden. Finden Sie heraus, was Sie auf der ehrlichen und konsequenten Reise zu sich selbst noch erkennen und verwirklichen können und möchten.

Diese Landkarte hält Chancen für Sie bereit, die Ihnen eine intensive Begegnung mit sich selbst ermöglichen können. Dabei werden Sie ebenso auf bekannte wie auch auf neue Dimensionen Ihres Lebens aufmerksam gemacht. Welche Erkenntnisse und Erlebnisse dabei auch auf Sie warten, sie werden für genau Ihre Situation stimmig sein. Vielleicht ist es lediglich ein einziger Satz, der Ihre künftige Lebensreise in eine neue Richtung lenkt. Vielleicht inspiriert Sie besonders eines der Bilder oder es ist eine Geschichte, die Sie an die Hand nimmt und Sie achtsam führt. Vielleicht kreiert diese Landkarte auch ein Gesamterlebnis für Sie, in das Sie eintauchen.

Was genau Sie ganz persönlich mit dieser Landkarte auf Ihren *WEGE ZUM ICH* erleben, womit Sie beschenkt werden und was für Sie bedeutsam wird, kann ich Ihnen nicht vorhersagen. Ich möchte Ihnen aber eine Idee davon vermitteln, was Sie erwartet, wenn Sie sich darauf einlassen.

> **SELBSTERINNERUNG**
> Meine innere Landschaft ist ein Abbild der überbordenden Schönheit und der Stärke meines individuellen Daseins.

WAS SIE ERWARTET

DIESES BUCH VERSPRICHT WEDER neues Wissen, noch beansprucht es für sich, die »ganze Wahrheit« abzubilden. Es lebt nicht von einzigartigen Methoden und es zeigt Ihnen auch nicht den einen Weg aus allen Schwierigkeiten heraus. *WEGE ZUM ICH* lädt Sie vielmehr dazu ein, sich mit sich selbst auf einen bewussten Weg zu begeben.

Es geht also um Sie! Es geht um Ihr Leben und zwar ganz buchstäblich. Es geht um Ihre Empfindungen und Erfahrungen, um Ihre Visionen und Träume, um Ihr Denken und Handeln. Es geht um Ihre ganze Persönlichkeit, um Ihre Beziehung zu sich, zu anderen und zum Leben. Das, was Sie auszeichnet, was für Sie bedeutsam ist, was Sie erfreut und was Sie beschwert, darf hier auf Ihren *WEGEN ZUM ICH* seinen passenden Platz finden.

Zu diesem Zweck nimmt Sie diese Landkarte mit auf eine Reise nach innen. Dort gelangen Sie nicht hin, indem Sie sich von außen die Richtung vorgeben lassen. Das innere Reiseziel erreichen Sie nur, wenn Sie Ihre persönlichen Wege dorthin selbst ergründen, wenn Sie auf Ihre ganz eigene Art und Weise gehen, laufen, tanzen, springen, hinfallen und wieder aufstehen. Sie wählen Ihre Geschwindigkeit selbst und legen fest, wann Sie pausieren. Es liegt bei Ihnen, ob Sie einen Weg vielleicht erneut gehen, weil es dort noch so vieles zu entdecken gibt, was Ihnen beim ersten Mal verborgen geblieben ist. Wie aber werden Sie wissen, was zu welcher Zeit und in welcher Weise für Ihre persönliche Reise das Richtige ist?

Wer nach innen schaut, öffnet sich für ein Wissen, das dem Verstand unzugänglich ist. In jedem von uns liegt eine Quelle, aus der sich dieses innere Wissen speist. Anders als Informationen und Techniken, die wir uns von außen aneignen, weiß unsere innere Quelle sehr genau, welche Einsichten zu unserer momentanen Lebenssituation passen. Antworten, die wir von hierher auf unsere Fragen erhalten, entsprechen ganz genau unserem Entwicklungsstand und unseren Möglichkeiten des Verstehens. Ihr inneres Wissen aus dieser Quelle wird Sie weise und liebevoll auf Ihren WEGEN ZUM ICH führen.

IHRE INNERE QUELLE OFFENBART IHNEN ALLES, WAS SIE BRAUCHEN, ZUR RICHTIGEN ZEIT UND AUF PERFEKTE WEISE.

Was ist aber, wenn Sie keine Vorstellung davon haben sollten, wie Sie in Kontakt zu dieser Quelle kommen können? Was ist, wenn Sie nicht (mehr) wahrnehmen, was in Ihnen steckt? Wohin sollte Ihre Reise dann gehen?

Wenn es darum geht, die Verbindung zu unserer inneren Quelle herzustellen und die daraus sprudelnden Erkenntnisse wahrzunehmen und sinnvoll zu nutzen, dann hat Innenschau einen ganz praktischen Nutzen. Als kundige Reisebegleitung zeigt uns die Innenschau den Weg nach innen und lehrt uns, einen festen Selbstkontakt herzustellen. Dadurch können wir Vergangenes anschauen und loslassen. Wir können mit DEM, WAS IST Frieden schließen und von innen heraus klar, selbstbestimmt und kraftvoll auch in unserem äußeren Leben agieren und neue Wege beschreiten.

WEGE ZUM ICH will diesen Anspruch erfüllen, innere Einkehr und äußeren Pragmatismus sinnvoll ineinandergreifen zu lassen. Wenn Sie mit dieser Landkarte auf Reisen gehen, dann werden Sie Erlebnisse haben, die sich auf Ihr Leben auswirken können. Sie werden noch klarer darin sein, wer Sie sind und was Sie wirklich wollen. Dadurch werden Sie ein selbstbestimmteres Leben führen können und infolgedessen Ihre eigenen Kräfte zu stärken und sie freudvoll einzusetzen wissen. Wenn Sie sich in diese Richtung weiterentwickeln, wird auch Ihr Leben in unterschiedlichen Bereichen mitwachsen. In dem Maße, in dem Sie sich und Ihre Horizonte weiten, dehnen sich auch Ihre Selbstkraft und damit Ihr Einfluss und Ihr Erleben aus.

Dieses Buch besteht aus drei Teilen, die Sie in Ihren Entwicklungsprozessen begleiten und Sie auch auf Auswirkungen vorbereiten, die sich in Ihrem inneren und äußeren Leben zeigen können. Folgende Inhalte erwarten Sie:

TEIL I gibt Anregungen zum Thema »Innenschau«. Es werden Fragen erörtert, die sich auf den Nutzen von Innenschau im Alltag beziehen und darauf, wie sich ein Zugang nach innen finden lässt. Hiermit soll sichergestellt werden, dass Sie sich gut vorbereitet fühlen, um sich vertrauensvoll auf Ihre weiteren Entdeckungsreisen einlassen zu können.

TEIL II hält durch Bilder und Inspirationstexte eine konkrete Vorgehensweise bereit, durch die Sie Ihre persönliche innere Landschaft ganz praktisch erkunden können. Er macht Ihnen Angebote, um sich mit wichtigen Themen Ihres Lebens zu befassen, und leitet Sie durch Fragen an, sich über manches klar zu werden, das für Sie bedeutsam ist.

TEIL III zeigt Ihnen Perspektiven auf, wie Sie die Schätze Ihrer inneren Entdeckungsreisen in Ihrem alltäglichen Leben sichtbar werden lassen können. Zudem werden Sie auf Hürden vorbereitet, die Sie vielleicht zu nehmen haben, wenn Sie nach außen gehen. Insbesondere weitet dieser Teil Ihren Blick dahingehend aus, was Ihre persönlichen *WEGE ZUM ICH* auch mit anderen Menschen zu tun haben.

Alle drei Teile sind so aufeinander abgestimmt, dass sie Sie bestmöglich auf den nun vor Ihnen liegenden Etappen begleiten können. Einiges wird Ihnen vermutlich bekannt vorkommen und anderes wird vielleicht neu für Sie sein. Ob vertraute oder unverständliche Inhalte, vielleicht auch etwas, das hinterfragende Stimmen in Ihnen hervorruft, alles hat das Potenzial, Sie zu berühren und zu einem Wegweiser auf Ihren Pfaden nach innen zu werden. Wie gehen Sie dabei am besten vor?

> **SELBSTERINNERUNG**
> Wenn ich mit meinem Inneren in Kontakt bin, kann ich im Außen umso klarer, selbstbestimmter und kraftvoller sein.

GEBRAUCHSEMPFEHLUNG

HIERMIT STEHT IHNEN EIN ANGEBOT zur Verfügung, das Sie so für sich nutzen können, wie Sie es möchten. Drehen und wenden Sie diese Landkarte, wie es für Sie von Vorteil ist. Nicht die Karte gibt Ihnen Ihre Sicht auf die Dinge vor, sondern Ihre Sicht auf die Dinge gibt vor, wie Sie diese Karte halten. Dadurch können Sie sie nach Ihren Wünschen sinnvoll einsetzen.

Es kann hilfreich für Sie sein, sich von der vorgegebenen Struktur leiten zu lassen und chronologisch von vorne nach hinten durchzugehen. Vielleicht möchten Sie aber auch irgendwo einsteigen, an einem Punkt, der Ihre Aufmerksamkeit bereits besonders auf sich zieht. Neben einer bewussten Wahl, können Sie sich auch einfach intuitiv von bestimmten Inhalten finden lassen, indem Sie das Buch beispielsweise an irgendeiner Stelle aufschlagen und schauen, worauf Ihr Blick fällt. Vielleicht möchten Sie dann von dort aus weitergehen, vielleicht auch nicht. Handhaben Sie es so, wie es für Sie stimmig ist, und befassen Sie sich mit dem, was Sie unterstützt. Lassen Sie außer Acht, was Ihnen (momentan) wenig vielversprechend erscheint.

Ein solches Vorgehen mag Ihnen umso leichter fallen, wenn Sie sich nochmals bewusst machen, dass auf dieser Landkarte nicht Ihre tatsächlichen *WEGE ZUM ICH* verzeichnet sind. Diese lassen sich nicht zwischen zwei Buchdeckeln abbilden. Eine Landkarte vermag es niemals, die Landschaft selbst darzustellen. Sie ist lediglich ein Hilfsmittel, um sich zu orientieren, sich auf die Vielfalt der Wirklichkeit einzustimmen und die eigenen Routen auszuwählen. Die ganze Pracht der wirklichen Landschaft lässt sich in keiner Weise darstellen, sondern kann ausschließlich direkt erlebt werden. Zu diesem Zweck bietet Ihnen dieses Kartenmaterial inspirierende Zugangsmöglichkeiten, sodass Sie Ihre Pfade selbst entdecken und gehen können.

Damit dieses – Ihr! – Erlebnis zu einer der atemberaubendsten, schönsten, tiefgründigsten und erhebendsten Reisen Ihres Lebens werden kann, lautet meine Gebrauchsempfehlung in komprimierter Form:

PASSEN SIE DIE INHALTE IHRER PERSON UND IHREM LEBEN SINNVOLL AN – UND NICHT UMGEKEHRT.

Wie Sie auch vorgehen möchten, Sie werden den größten Nutzen aus dieser Einladung zur Innenschau ziehen, wenn Sie sich vertrauensvoll einlassen. Vertrauen Sie darauf, dass das Leben es gut mit Ihnen meint. Es weiß, wann welche Etappen, Entdeckungen und Ausblicke für Sie anstehen. Lassen Sie sich darauf ein, nicht alles genau wissen, verstehen und erklären zu können oder gar zu müssen. Begegnen Sie sich selbst an einem Ort abseits von Richtig und Falsch. Erleben Sie mit Freude, Staunen und Dankbarkeit, wie Ihre innere Quelle gut für Sie sorgt und Sie sowohl behutsam als auch kraftvoll und klar auf Ihren WEGEN ZUM ICH leitet. Woher aber speist sich diese Quelle?

> **SELBSTERINNERUNG**
> Ich wähle selbst, was mir auf meinen *Wegen zum Ich* dienlich ist, *und* lasse mich vertrauensvoll vom Leben führen.

DIE SACHE MIT »GOTT«

ZWISCHEN DIESEN BUCHDECKELN WIRD IHNEN der Begriff »Gott« begegnen. Der Gottesbegriff gehört zu denjenigen Worten, die sehr stark mit persönlichen und kollektiven Erfahrungen aufgeladen sind. Deswegen hat er für Menschen eine sehr unterschiedliche Bedeutung. Wie ist es bei Ihnen?

Sind Sie vielleicht in familiären und gesellschaftlichen Kontexten aufgewachsen, in denen ein Gottesglaube keine Rolle spielte? Dann kam »Gott« in Ihrer bisherigen Lebenswirklichkeit möglicherweise gar nicht vor, weil Sie keinen Anlass sahen, sich damit zu befassen, was »Gott« eigentlich ist. Sie haben die Erfahrung gemacht, dass Ihr Leben auch gut ohne »Gott« funktioniert.

Vielleicht gehören Sie hingegen zu denjenigen, die im Namen der Religion viel Leid erfahren haben. Sie haben womöglich darunter gelitten, dass es Ihnen versagt wurde, Ihre Individualität frei auszuleben und Ihre Visionen zu verwirklichen. Vielleicht haben Sie Ihren Glauben an irgendeinem Punkt Ihres Lebens zurückgelassen, gemeinsam mit furchteinflößenden Sätzen aus Kindertagen, wie etwa: »Sei brav, der liebe Gott sieht alles.«

Wenn Sie sich weder in der einen noch in der anderen Beschreibung wiederfinden, verbinden Sie »Gott« vielleicht mit dem höchsten Ausdruck von bedingungsloser Liebe. Dann ist er das Fundament Ihres Lebens, das Sie stärkt und Ihnen Geborgenheit spendet. Gegebenenfalls gehören Sie zu den Menschen, die durch persönliche Gotteserfahrungen oder durch Religiosität und Spiritualität Sinn und Festigkeit für ihr Leben gefunden haben.

Was auch immer sich in Ihnen zeigen mag, wenn Sie auf Ihren WEGEN ZUM ICH »Gott« begegnen, es geht nicht darum, Sie zu missionieren oder Ihre leidvollen Erfahrungen zu bagatellisieren. Es besteht auch kein Interesse daran, Ihre Form von Religiosität oder Spiritualität umzuprägen.

Sowohl der Gottesbegriff als auch Symbole und Anklänge an religiöse und spirituelle Traditionen dienen hier dazu, einem Mysterium auf die Spur zu kommen, das sich letztlich unserer Sprache entzieht. Dieses Unsagbare ist aber so elementar mit unserem Dasein verbunden, dass wir auf unseren WEGEN ZUM ICH nicht daran vorbeikommen. Mehr noch: Sie führen uns direkt darauf zu, weil unser »kleines Ich« nicht für sich allein steht. Wir führen kein isoliertes Dasein, sondern sind Teil eines »größeren Ichs«, das wir gemeinhin als »Leben« bezeichnen.

Ich verstehe »Gott« als den Urgrund allen Lebens und damit auch unseres Lebens. Wenn ich also von »Gott« spreche, dann meine ich das reale Leben selbst. Ich meine diejenige Urkraft, die jeden Einzelnen von uns geboren hat, die unser Leben erhält und es uns – in unserer momentanen physischen Form – eines Tages wieder nimmt.

Diese Kraft lässt unser Herz schlagen und uns ohne unser Zutun atmen. Es ist die Lebenskraft selbst, reines Bewusstsein, die unzerstörbare Energie der puren Liebe, die Essenz von ALLEM, WAS IST. In diesem Sinne sind wir untrennbar mit »Gott« verbunden. Von ihm her speist sich auch die innere Quelle unserer höchsten Weisheit, mit der wir in Kontakt kommen können, wenn wir uns dafür öffnen. Ich nenne dieses Mysterium »Gott« und Sie?

WENN WIR UNS MIT »GOTT« BEFASSEN, GEHT ES IM KERN UM UNS SELBST UND UNSER LEBEN.

Was heißt das für Ihre *WEGE ZUM ICH*? Ich meine, dass sich diese Urkraft in uns und allem Leben nicht dafür interessiert, welchen Namen wir ihr geben. Dementsprechend möchte ich uns alle einladen, uns ebenfalls nicht mit Äußerlichkeiten wie einer Namensgebung selbst im Weg zu stehen. Konzentrieren wir uns vielmehr auf das, worum es hier wirklich geht. Es geht um eine tiefgründige Selbsterfahrung mit dieser Urquelle der Lebendigkeit, zu der wir in unserem Inneren Zugang finden können.

Sollten Sie auf dieser Landkarte also Begriffe, Aussagen oder Symbole entdecken, die Ihnen fremd sind oder unbequeme Gedanken und Emotionen hervorrufen, dann benutzen Sie sie als Wetzsteine für Ihre persönliche Weiterentwicklung. Wenden Sie sich nicht vorschnell ab, weil Sie unangenehm oder falsch finden, was Ihnen begegnet. Steine des Anstoßes weisen uns auf bestimmte Aspekte unseres eigenen Lebens hin, die noch mit Angst behaftet, statt durch Liebe befreit sind. Wir können sie als Anlässe willkommen heißen, um zu eigener Klarheit und zu mehr persönlicher Freiheit zu gelangen.

**WER FREIHEIT LEBEN MÖCHTE,
DARF SICH *SEINEN* THEMEN STELLEN UND
SIE INDIVIDUELL BEARBEITEN.**

Was uns das Leben auch geben mag, es birgt die Möglichkeit in sich, konstruktiv für unsere persönliche und kollektive Weiterentwicklung genutzt zu werden. Es liegt deshalb an uns, unsere Herausforderungen in Chancen zu verwandeln und damit das Beste aus allem zu machen, was uns am Wegesrand begegnet.

Gehen wir mit diesem Vorsatz nun gemeinsam auf die nächste Etappe zu. Lassen Sie sich jetzt auf eine Entdeckungsreise in Ihr Inneres ein und ergründen Sie, welchen Unterschied es für Sie machen kann, einen stärkeren Zugang zu Ihrer inneren Quelle zu finden und zu halten.

> **SELBSTERINNERUNG**
> »Gott« – das Leben – versorgt die innere Quelle in mir, aus
> der ich meine Lebendigkeit, Klarheit und Kraft schöpfe.

ZUSAMMENFASSUNG UND ÜBUNG

SELBSTERINNERUNG 1: Meine innere Landschaft ist ein Abbild der überbordenden Schönheit und der Stärke meines individuellen Daseins.

SELBSTERINNERUNG 2: Wenn ich mit meinem Inneren in Kontakt bin, kann ich im Außen umso klarer, selbstbestimmter und kraftvoller sein.

SELBSTERINNERUNG 3: Ich wähle selbst, was mir auf meinen *WEGEN ZUM ICH* dienlich ist, *und* lasse mich vertrauensvoll vom Leben führen.

SELBSTERINNERUNG 4: »Gott« – das Leben – versorgt die innere Quelle in mir, aus der ich meine Lebendigkeit, Klarheit und Kraft schöpfe.

ÜBUNG: SELBSTAUSRICHTUNG

Schließen Sie die Augen und atmen Sie ruhig ein und aus.
Beobachten Sie, wie der Atem ohne Ihr Zutun in Sie hinein-
strömt und wieder aus Ihnen herausfließt. Nicht Sie selbst
atmen, sondern Sie werden geatmet. Das ist die Weisheit des
Lebens in Ihnen, die zu jeder Zeit weiß, was das Richtige für
Sie ist. Richten Sie Ihre Aufmerksamkeit noch tiefer auf Ihr
Inneres. Fragen Sie sich: Möchte ich mich *jetzt* weiter auf die
Begegnung mit meinem Inneren einlassen? Welche Körper-
empfindungen, Gedanken, Bilder und Eindrücke zeigen sich?
Ist die Resonanz angenehm oder regen sich Widerstände?
Entscheiden Sie jetzt, ob Sie den Dialog mit sich selbst mithilfe dieses Buches weiter vertiefen möchten oder nicht. Hin-
terfragen Sie Ihre Entscheidung anschließend nicht weiter,
sondern vertrauen Sie Ihrer Intuition und handeln Sie konsequent danach.

TEIL I

ENTDECKUNGSREISE NACH INNEN

2 | INNENSCHAU UND ALLTAG

WAS BEDEUTET »INNENSCHAU«? Das Wort setzt sich aus »innen« und »Schau« zusammen. Und genau darum geht es: Es geht darum, nach *innen zu schauen*. Es geht darum, sich auf das eigene Innere zu konzentrieren. Es geht darum, sich für eine Weile nicht von der äußeren Welt, von Arbeit, Sozialleben, Fragen und Nöten, von Wünschen und Plänen ablenken zu lassen. Es geht darum, wirklich still zu werden und den Blick nach innen zu richten, aufmerksam für das, was es dort zu entdecken gibt. Und was gibt es dort zu entdecken?

WOZU NACH INNEN GEHEN?

VIELE VON UNS HABEN GELERNT, mit ihren Fragen statt nach innen nach außen zu gehen. In unserer Gesellschaft hat es sich eingespielt, in den wichtigen und auch in den weniger wichtigen Anliegen schnell eine der uns sehr vertrauten Suchmaschinen im Internet zu befragen oder direkt einen Experten zu konsultieren. Ihm schreiben wir dann die Kompetenz zu, unser »Problem«[2] zu lösen.

Dieses Vorgehen hat zur Folge, dass wir Antworten erhalten, die eine andere Person für sinnvoll erachtet. Sinnhaftigkeit wiederum ist in einem hohen Maße von ihrem jeweiligen Bezugsrahmen abhängig. Was also für den einen Experten Sinn ergibt, findet ein anderer abwegig. Wer hat in einem solchen Fall recht?

Sofern wir voraussetzen, dass die jeweiligen Expertenmeinungen gleichermaßen kompetent und wirksam sind, lautet die Antwort: Jeder der Experten hat mit seiner Empfehlung recht und zwar innerhalb des Kontextes, aus dem diese hervorgeht.

Ein Beispiel: Wenn ein Schulmediziner bei einem körperlichen Schmerz eine Spritze setzen möchte und der Heilpraktiker Osteopathie empfiehlt, dann sind beide Lösungen

---

[2] Griech. *próblēma*: das Vorgelegte. Ich verwende das Wort »Problem« mit großer Vorsicht und setze es deswegen in Anführungszeichen. Wie schnell kann es geschehen, »Probleme« zu nutzen, um sich auf die eigene vermeintliche Hilflosigkeit zu berufen. Statt das »Problem« als eine Aufgabe zu verstehen, die *selbst* zu lösen ist, wird dann versucht, es anderen *vorzulegen* und es an sie weiterzugeben, damit sie es lösen.

für die Schmerzsituation aus jeweiliger Expertensicht sinnvoll. Im Kontext der Schulmedizin ist die Spritze eine sinnvolle Empfehlung, im Kontext der Alternativmedizin die Osteopathie. Entscheidend ist aber nicht allein, *dass* die Lösungen Sinn haben, sondern *inwiefern* sie tatsächlich für die betroffene Person sinnvoll sind, die den Schmerz verspürt.

Wenn wir uns von außen Rat einholen, dann muss die Expertenmeinung auch und insbesondere *unseren* Wünschen und Vorstellungen entsprechen. Das ist der entscheidende Punkt: *Wir* selbst sind gefragt, die Empfehlung von außen für uns einzuordnen. Die Herausforderung besteht deshalb darin, weise zu wählen, wen wir in welchen Fragen um Rat bitten und dann genau zu überprüfen, ob dieser Rat zu uns passt.

Was wäre für *Sie* die richtige Lösung? Würden Sie die Spritze wählen oder eine osteopathische Behandlung? Käme für Sie keine der beiden Lösungen infrage oder bevorzugten Sie ihre Kombination? Ob in diesem Beispiel oder in anderen Fragen, es gilt:

SIE TREFFEN DIE LETZTE ENTSCHEIDUNG UND NUR SIE ALLEIN KÖNNEN WAHRNEHMEN, WELCHE WAHL ZU IHNEN PASST.

Sich das zu verdeutlichen, ist für viele von uns eine echte Herausforderung. Es kann sich sehr hart anfühlen, wenn wir uns selbst vor Augen führen, dass – um bei dem Beispiel zu bleiben – allein wir den Schmerz haben, nicht derjenige, der uns berät. Weder der Schulmediziner noch der Heilpraktiker oder ein anderer Berater hat *unseren* Schmerz. Und das wiederum konfrontiert uns mit Einsamkeit, denn kein anderer steht an genau unserer Stelle.

Der Schulmediziner kann uns zwar seine Expertise zum Thema »Schmerzlinderung durch Injektion« zur Verfügung stellen. Und ein Heilpraktiker kann uns von Erfolgen im Bereich der sanften Manipulation durch Auflegen der Hände und Leiten von Energieflüssen berichten. Was aber für uns, für uns ganz persönlich, *die* Methode der Wahl ist, können nur wir selbst wissen. Erst dann, wenn uns das bewusst ist, können wir wirklich verstehen und akzeptieren, dass es hier allein um uns selbst geht. Wir sind gefragt, weise zu wählen. Wer kann uns dabei hilfreich zur Seite stehen?

Wie wäre es, wenn wir in den alltäglichen und außeralltäglichen Fragen des Lebens einen Experten hinzuziehen könnten, dessen Rat nicht aus einem fremden Kontext kommt, sondern der unsere persönlichen Lebensumstände bis ins kleinste Detail kennt? Mit einem solchen Experten stünde uns ein unschätzbar wertvoller Ratgeber zur Seite. Wir könnten darauf vertrauen, dass uns dieser Ratgeber stets zu unserem Besten berät, wenn sein Wissen aus einer Quelle höchster Weisheit kommt, die alles von uns kennt.

Wo diese Quelle ist, erahnen wir bereits. Sie ist an einem Ort in uns selbst, der uns mit der Urkraft des Lebens verbindet. Diese Quelle in unserem Inneren versorgt uns mit dem höchsten Wissen über das, was gut für uns ist. Sie lässt uns erkennen, was wir tun und unterlassen können, um unser

Leben noch freudvoller, noch klarer, noch stimmiger und noch authentischer zu führen. Sie hilft uns, Entscheidungen zu treffen, die wirklich zu uns passen.

WER SICH MIT SEINEM EIGENEN WEISEN RATGEBER VERBINDEN MÖCHTE, MUSS NACH INNEN GEHEN, STATT NACH AUSSEN.

Diesem inneren Ratgeber wurden schon viele Namen gegeben, wie etwa »Intuition«, »Bauchgefühl«, »Ahnung« oder »höheres Selbst«. Solche Umschreibungen zeugen davon, dass es dem Verstand schwerfällt, die Quelle innerer Weisheit adäquat zu beschreiben und mit entsprechenden Worten begreifbar zu machen. Das Wissen, das sich aus dem tiefsten Inneren eines Menschen seinen Weg in dessen Bewusstheit bahnen kann, unterscheidet sich von der Rationalität des Verstandesdenkens.

Bei Entscheidungen etwa zieht der Verstand eine begrenzte Anzahl an Informationen in Betracht, wenn er zwischen bestimmten Optionen abwägt. Die Quelle unserer inneren Weisheit kann hingegen unendlich viele Aspekte berücksichtigen, ohne dass diese uns bewusst sind. Das müssen sie auch gar nicht. Je mehr wir uns vertrauensvoll mit unserem inneren Ratgeber verbinden, desto mehr fühlen wir uns mit dem Leben in Einklang. Dann fügen sich die Dinge immer häufiger auf wunderbare Weise. Angefangen von einer passenden Idee zur richtigen Zeit über die Begegnung mit Menschen, die unsere Vorhaben voranbringen, bis hin zu inneren Klarheiten in Zeiten von Bedrängnis.

Wozu also nach innen gehen? Indem wir nach innen gehen, konzentrieren wir uns auf unsere eigenen Angelegenheiten und damit auf den einzigen Bereich, auf den wir am meisten Einfluss haben: auf uns selbst. Dadurch spüren wir unsere eigene Selbstwirksamkeit, weil wir erleben können, wie sich unser Denken und Handeln gezielt auf unser Leben auswirken.

Indem wir nach innen gehen, fühlen wir uns weniger abhängig vom Rat anderer. Wir erlangen ein höheres Maß an persönlicher Freiheit und treffen Lebensentscheidungen, die passgenau sind. Es lohnt sich also, nach innen zu gehen, um sich mit einem weisen Ratgeber zu verbinden, den wir stets bei uns haben: unsere innere Quelle.

Wir können dadurch mehr und mehr in ein klares, selbstbestimmtes und kraftvolles Leben hineinwachsen, das es uns ermöglicht, unsere Individualität in den schönsten Farben erstrahlen zu lassen. Es lohnt sich, nach innen zu gehen, weil Innenschau ein mächtiges Werkzeug ist, um in unserem ganzen Menschsein zu reifen. Unseren Kontakt nach innen zu vertiefen, unterstützt uns darin, noch konsequenter zu mündigen, starken und achtsamen Persönlichkeiten zu werden.

Die Voraussetzung dafür ist, dass wir bereit sind, uns auf wahrhaftige Weise selbst zu begegnen. In dieser unverstellten Begegnung mit uns selbst schwingt der Wunsch mit, zu erkennen, wer wir wirklich sind.

> **SELBSTERINNERUNG**
> Wenn ich nach innen gehe, kann ich mit meinem inneren Ratgeber in Kontakt sein, der mich weise berät und führt.

WER BIN ICH?

TEIL I

WER SICH AUF *WEGE ZUM ICH* EINLÄSST, besinnt sich auf sich selbst. Er fragt nach seinem eigenen Ich und versucht, es noch tiefer zu ergründen. Der Begriff »Ich« kann allerdings mehrere Bedeutungen haben. Deshalb ist es hilfreich, zu klären, zu welchem »Ich« Sie diese Landkarte begleiten möchte und zu welchem nicht.

Hier geht es nicht um das Ich des Menschen, das sich auch als »Ego« beschreiben lässt. Egobezogenheit zeichnet sich dadurch aus, dass Menschen vornehmlich um sich selbst kreisen. Ihr Denken und Handeln werden dann zu Werkzeugen, um sich zu profilieren. Sie wollen besser werden, um höher, schneller und weiter zu sein als andere. Im Gegensatz dazu besteht eine andere Form von Ego darin, sich in der eigenen Opferrolle zu gefallen. In diesem Fall definieren sich Menschen dadurch, dass sie versagt haben, und finden darin Gründe, um nicht weiter tätig zu werden.

Ob überhöhend und über andere triumphierend oder selbsterniedrigend und angstvoll, unser Ego erzählt uns und anderen eine Geschichte über unser persönliches und kollektives Menschsein. Durch Erzählungen zur Unter- oder Überlegenheit Einzelner zieht es Aufmerksamkeit auf sich und versucht, sich zu profilieren. Um dieses egohafte Ich geht es hier nicht.[3] Hier

---

[3] An anderer Stelle habe ich den Unterschied zwischen »Ego« und »Sein« genauer beleuchtet. Zur Vertiefung vgl. WIEBKE-LENA LAUFER: Mediation und christliche Verantwortung. Eine mediationstheoretische und systematisch-theologische Untersuchung, Göttingen 2016, 317-320.

geht es um das, was jeder von uns – ohne Unterschied (!) – abseits allen trügerischen Scheins und aller irreführender Täuschung wirklich ist:

**AUSNAHMSLOS JEDER MENSCH IST
EIN WÜRDEVOLLES ABBILD DER EINEN EHRFURCHT-
GEBIETENDEN LEBENSKRAFT.**

WEGE ZUM ICH ist eine Einladung an jeden von uns, hinter die (Selbst-)Erzählungen zu unserem Menschsein zu blicken. Deshalb geht es hier nicht darum, sich mit dem zu befassen, was wir selbst oder andere über uns *denken*. Hier geht es darum, sich einem Mysterium anzunähern, das wir noch längst nicht in allen seinen Facetten erkannt haben. Dieses Mysterium ist der wunderschöne und einzigartige Wesenskern, der in jedem Menschen ist. Es geht also um die Essenz unseres innersten Wesens, für die äußere Unterschiede unwichtig sind. Es ist dasjenige Ich, das unser Licht aus der Ursprünglichkeit heraus erstrahlen lässt, mit der jeder von uns geboren wurde und in der wir uns alle gleichen. Dieses Ich ist untrennbar mit der Quelle der Lebenskraft in uns verbunden.

Wenn wir uns diesem Ich respektvoll annähern wollen, geht es vornehmlich darum, still zu werden und aufmerksam wahrzunehmen. Dadurch öffnen wir uns für die Begegnung mit der einen großen Stille, die hinter allen Äußerlichkeiten liegt. Sie bietet uns den Zugang zu *ALLEM, WAS IST*. Diese

Stille wird uns früher oder später einladen, eine bedeutsame Frage zu stellen, die uns alle in unserem Innersten bewegt, ob wir es bewusst wahrnehmen oder nicht:

WER BIN ICH WIRKLICH?

Wenn wir diese Frage stellen, dann lassen wir uns auf eine Reise in zumeist noch unbekannte Gefilde ein. Wir fragen nach unserer eigenen Essenz, ohne zu wissen, wann und wie wir Antwort auf unser Fragen erhalten. Es erfordert Demut und Hingabe an das Leben, sich von diesem Fragen leiten zu lassen und Schritt für Schritt in Richtung Antwort voranzuschreiten.

»Wer bin ich?« Dies ist keine Frage, die an bestimmte Weltanschauungen oder an spezifische Praktiken gebunden wäre. Diese Frage schwingt immer dann mit, wenn wir versuchen, uns selbst zu erkennen. Schon Kinder führen uns das ganz praktisch vor Augen. Sie bringen ihr Spiegelbild und ihren Namen mit sich selbst in Verbindung. Mit der Zeit loten sie ihren sozialen Platz zunächst in der Familie und später unter Gleichaltrigen und damit in der Gesellschaft aus. Darin liegen bereits Versuche, dieser bedeutsamen Frage unserer Existenz nachzuspüren. Die Antworten wandeln sich mit zunehmenden Erfahrungen und durch fortschreitende Entwicklungsprozesse, die allesamt natürliche Bestandteile des Menschseins sind. »Wer bin ich?« ist deshalb eine zutiefst menschliche Frage, die uns alle miteinander verbindet.

So sehr wir diesen Urruf nach Selbsterkenntnis auch miteinander teilen, so sehr steht doch jeder mit der Frage nach sich selbst schließlich allein da. Wir können einander in unserem Streben nach Selbsterkenntnis zwar bereichern und begleiten, aber die letzten Antworten kann nur jeder für sich allein finden.

Die Wege zur Selbsterkenntnis sind sehr individuell. Was für den einen bedeutsam ist, spielt für den anderen gar keine Rolle. Unterschiedliche Erfahrungen, Interessen, Lebensumstände und Persönlichkeitsmerkmale wirken sich darauf aus, wann und wie sich Menschen auf die Suche nach sich selbst begeben. Für manche setzt die Sehnsucht nach bewusster Selbsterkenntnis schon sehr früh in ihrem Leben ein, für andere wird sie durch (leidvolle) Erfahrungen bedeutsam und wieder andere besinnen sich vielleicht auf dem Sterbebett auf sich selbst. Wann auch immer wir uns nach uns selbst befragen, unsere innere Weisheit führt uns auf den Ursprung, das Wesen und das Ziel unseres Lebens hin. Sie führt uns zur puren Liebe.

Unter »purer Liebe« ist hier keine Form romantischer Zugewandtheit zu verstehen. Sie ist nicht einzelnen Beziehungen vorbehalten. Sie orientiert sich nicht an Geschlecht, sexueller Orientierung, gesellschaftlichem Status, beruflicher Betätigung, Religiosität, ethnischer Prägung und anderen äußeren Merkmalen eines Menschen. »Pure Liebe« beschreibt die Urenergie des Lebens in uns.[4] Diese begrenzt nicht, sondern befreit. Sie bewertet nicht, sondern nimmt an. Sie behält nichts für sich allein, sondern teilt alles, was sie zu geben hat. Pure

---

[4] Zwar lässt sich die Urenergie des Lebens nicht in Worte fassen. »Liebe« ist jedoch derjenige Begriff menschlicher Erfahrung, der das Wesen der Lebensintelligenz am ehesten zu beschreiben vermag. Dabei darf nicht der Irrtum begangen werden, uns Menschen fälschlicherweise ins Zentrum aller Existenz zu setzen, indem wir eine menschliche Kategorie verwenden, um etwas zu beschreiben, das weit über die Grenzen unserer Existenz hinausgeht

Liebe erkennt sich selbst in *ALLEM, WAS IST*. Damit erkennt sie sich selbst auch im Menschen, wenn dieser fragt, wer er wirklich ist.

PURE LIEBE IST DIE URENERGIE, DIE DAS LEBEN IN UNS HERVORBRINGT UND ES ERHÄLT.

Es gibt eine Intelligenz, die den Kreislauf des Lebens aufrechterhält. Verstandesmäßig lässt sich das nicht erfassen. Der Verstand liefert zwar Erklärungen, wie sich Lebensformen entwickeln und der Lauf der Dinge funktioniert. Sein begrenztes Denken bleibt aber hinter der Wirklichkeit zurück.

Ein alltägliches Beispiel: Wenn wir unseren Verstand befragen, wie ein Apfel entsteht, dann wird er uns erklären, *wie* aus einem Samen ein Baum wird, der schließlich den reifen Apfel hervorbringt. Die Erklärungen des Verstandes sind zwar einleuchtend, aber sie machen nicht begreifbar, wie sich die Lebenskraft tatsächlich in einen Apfel hinein entfaltet. Der Verstand begreift die Intelligenz nicht, die hinter dem Reifungsprozess der Frucht steht. Er kann nur zusehen, wie sich ein Apfel herausbildet, und versuchen, den Vorgang logisch nachzuvollziehen. Die Weisheit jedoch, die die knackige, saftige, süße Frucht entstehen lässt, bleibt für den Verstand im Verborgenen.

Wenn uns einmal klar wird, dass sowohl ein Apfel als auch wir selbst ein letztlich unerklärbares Mysterium sind, dann erlangen wir eine staunende Demut. Mit einer Demut, die uns vor Augen führt, dass wir nicht alles wissen, können wir uns wahrhaftig auf eine Begegnung mit dem Mysterium einlasssen, das wir wirklich sind. Wir beginnen, zu erahnen, dass wir selbst aus der Urenergie des Lebens gemacht sind, und sich diese Intelligenz in uns als pure Liebe zeigt.

 **WIR SIND PURE LIEBE.**

Wenn wir nun selbst aus dieser Energie gemacht sind, aus der alles Leben kommt, dann sind und bleiben wir auch verbunden mit der Weisheit, die alles erschaffen hat. Wir können an dieser Weisheit bewusster teilhaben. Unbewusst tun wir das ganz automatisch, weil diese Weisheit unseren Körper tagein, tagaus erhält. Ohne unser Wissen und Zutun steuert sie in jedem einzelnen Augenblick unzählige Vorgänge in unserem Körper, sodass diese perfekt zusammenwirken. Wenn wir unsere Aufmerksamkeit nach innen richten, dann versuchen wir, etwas von dieser unbegreiflichen Intelligenz des Lebens in unsere Bewusstheit zu heben. Je bewusster wir uns über sie werden, desto deutlicher und verständlicher nehmen wir Erkenntnisse wahr, die von dort kommen. Diese Impulse können wir dann für unsere (alltägliche) Lebensführung nutzen.

Die Art und Weise, wie sich die Weisheit allen Lebens in uns ergießt und sich durch uns entfaltet, können wir nicht kontrollieren. Wir können uns nur für sie öffnen und uns von ihr beschenken lassen. Ob und wie sie uns beschenkt, liegt nicht in unserer Hand. Es ist ein Akt der Gnade. Diese Gnade kann mit oder ohne unser Zutun an uns geschehen.

Das bedeutet aber nicht, dass wir keinen eigenen Anteil haben. Unser Anteil besteht darin, Möglichkeiten zu finden und zu nutzen, um bewusster zu werden. Durch mehr Bewusstheit erkennen wir die Gnadengeschenke des Lebens deutlicher und nehmen sie achtsamer entgegen. Wir nehmen wahr, dass uns das Leben in jedem Augenblick Geschenke schickt, die uns den rechten – unseren persönlichen (!) – Weg weisen können. Dadurch fühlen wir uns stärker mit der Weisheit des Lebens verbunden und lassen uns von ihr führen.

Solchermaßen mit dem Leben in Einklang zu sein, setzt voraus, dass wir mit dem Lauf der Dinge mitgehen. Es ist wie ein Tanz zwischen dem, was uns das Leben gibt, und uns, die wir darauf antworten. Gemeinhin fassen wir diese Bereitschaft, mit dem Leben zu tanzen und ihm zu antworten, unter den Begriff »Verantwortung«.

> **SELBSTERINNERUNG**
> Ich bin pure Liebe und mit der unbegreiflichen Intelligenz verbunden, die alles Leben erschaffen hat und es erhält.

DEM LEBEN ANTWORTEN

VERANTWORTUNG HAT ETWAS DAMIT ZU TUN, welche Entscheidungen wir treffen. Eine Entscheidung ist wie ein Spielzug im Spiel des Lebens. Dieser Spielzug bestimmt zwar nicht allein über den Ausgang des gesamten Spiels, aber er trägt erheblich dazu bei, welchen weiteren Verlauf das Spiel nimmt. Deswegen ist es auch ein Wagnis, unsere Entscheidungen dem Rat anderer zu überlassen. Damit geben wir ihnen eine Macht über unser Leben, die nicht für sie vorgesehen ist und die sie auch überfordert.

Es ist nicht vorgesehen, dass einer für den anderen spielt. Es ist vorgesehen, dass jeder seine eigenen Spielzüge macht. Dazu gehört auch, die Auswirkungen dieser Spielzüge anzunehmen und zwar unabhängig davon, ob sie wünschenswert ausfallen oder nicht.

Für beide Seiten hat es deshalb auch etwas Unheilsames, wenn wir andere für uns entscheiden lassen. Wir können einander beistehen und uns gegenseitig bereichern. Sobald wir anderen aber unsere Selbstverantwortung zu übertragen versuchen, bahnen wir einen Weg der Lieblosigkeit. Wie leicht geschieht es dann später, mit dem Finger auf sie zu zeigen und ihrem Rat die Konsequenzen zuzuschreiben, die wir selbst nicht tragen wollen.

Anderen mehr Verantwortung aufzuladen, als sie natürlicherweise haben, ist aber nicht nur ihnen gegenüber lieblos, sondern auch uns selbst gegenüber. Wir vermitteln uns dadurch den Eindruck, dass wir nicht in der Lage wären, *unser* eigenes Leben klar, selbstbestimmt und kraftvoll zu führen.

Dieses Selbstbild der Hilflosigkeit entmutigt und schwächt uns. Es entstehen Ängste, weil wir zwar andere für uns entscheiden lassen können, die Konsequenzen daraus für unser Leben allerdings allein zu tragen haben.

Damit kommen wir zu einer elementar wichtigen Grundentscheidung in unserem Leben, auf der alle weiteren Entscheidungen gründen:

BIN ICH BEREIT, MEINEN ANTEIL DER VERANTWORTUNG FÜR MEIN LEBEN ZU ÜBERNEHMEN?

Das ist eine große Frage, die sehr schwerwiegend sein kann, weil jeder Einzelne von uns ganz allein vor ihr steht und sie auf seine Weise beantwortet. Dementsprechend ist es ein Wagnis, sich mit ihr zu konfrontieren. Wir gehen aber ein noch viel größeres Wagnis ein, wenn wir versuchen, unseren Anteil der Verantwortung für unser Leben an andere abzugeben. Dann machen wir uns davon abhängig, wie gut es andere mit uns meinen und wie sehr ihre Entscheidungen unsere Individualität berücksichtigen.

Wenn wir unsere Selbstverantwortung nicht in diese Roulettemaschine werfen möchten, sehen wir uns erst einmal mit Einsamkeit und Unsicherheit konfrontiert. Wir bekommen zu spüren, dass wir allein mit unserer Verantwortung dastehen. Kein anderer Mensch trägt sie mit uns gemeinsam. Ja, keiner kann sie mit uns tragen. Deswegen wird uns auch niemand zusichern können, dass wir auf dem »richtigen« Weg sind. Wir kommen nicht umhin: Wenn wir unsere Selbstverantwortung übernehmen, gehen wir scheinbar einen Weg mit mehr Einsamkeit und Unsicherheit. Aber eben nur scheinbar!

Jemand, der seine Selbstverantwortung übernimmt, ist nicht einsamer als andere. Er unterscheidet sich von ihnen lediglich durch seinen Mut, sich einer Tatsache zu stellen, statt die Augen vor ihr zu verschließen. Tatsache ist, dass es gar nicht möglich ist, seine Selbstverantwortung abzugeben. Jeder Versuch in diese Richtung bleibt letztlich erfolglos. Spätestens im Moment unseres physischen Todes erkennen wir, dass es keinen Weg aus der eigenen Selbstverantwortung gibt. Wenn andere nicht für uns sterben können, dann können sie auch nicht für uns leben.

Jemand, der seine Selbstverantwortung übernimmt, lebt auch nicht unsicherer als andere. Er bringt lediglich die Entschlossenheit auf, Unsicherheit als das zu erkennen, was sie ist: ein unvermeidbarer Bestandteil des Lebens, mit dem es umzugehen gilt. Unsicherheit ist nichts weiter, als sich darüber bewusst zu sein, nicht alles zu wissen. Das bezieht sich auch darauf, nicht alle Konsequenzen absehen zu können, die die eigenen Handlungen nach sich ziehen. Wer deswegen versucht, Entscheidungen zu vermeiden, weigert sich, dem Leben Antwort zu geben.

 **ES IST DAS WESEN VON ENTSCHEIDUNGEN, SIE AUF DER BASIS VON UNSICHERHEIT ZU TREFFEN.**

Besonders dann, wenn wir darum bemüht sind, alles »richtig« zu machen, kann uns diese Erkenntnis immens herausfordern. Wie stellen wir sicher, dass wir zu guten Entscheidungen gelangen? Die Antwort lautet: gar nicht. Wir können es nicht *sicher*stellen, weil Entscheidungen nun einmal nicht auf Sicherheit gründen, sondern auf Unsicherheit. Wer entscheidet, trifft eine Wahl zwischen echten Alternativen. Wenn sich etwas zwangsläufig anfühlt oder sich einfach ergibt, dann ist keine Entscheidung mehr nötig.

Vieles in unserem Leben ergibt sich tatsächlich von allein aus dem Lauf der Dinge. Hier sind wir gefragt, anzunehmen, was das Leben uns gibt, und das Beste für uns und andere daraus zu machen. Demgegenüber gibt es auch Situationen, in denen wir vor einer echten Wahl stehen. Diese Wahl kann sich unbedeutend oder schwerwiegend anfühlen. Hier kommt es uns so vor, als hätten wir, wir ganz allein (!), auf eine Frage des Lebens Antwort zu geben. »Wähle«, scheint uns das Leben dann herauszufordern, »möchtest du dieses oder jenes?«

Wenn wir der Unsicherheit, die mit den Fragen des Lebens einhergeht, ohnehin nicht entfliehen können, dann können wir sie auch für uns nutzen. Wir können uns nach innen wenden und unseren inneren Ratgeber um Weisung bitten. Anschließend dürfen wir uns darin erproben, unsere Entscheidungen selbst zu treffen und die Konsequenzen freudig zu erwarten. Wir werden feststellen, dass die Resultate unseres Handelns umso wünschenswerter sind, je mehr wir aus einem starken inneren Selbstkontakt heraus entscheiden. Selbst dann, wenn wir in der Rückschau meinen, »falsch« entschieden zu haben, werden sich uns *immer* Wege zeigen, um weiterzugehen.

Wie einen Muskel trainieren wir dadurch unsere Verantwortungsfähigkeit. Wir wachsen zunehmend in die eigene Entscheidungskraft hinein. Damit erhöhen wir unsere Lebensqualität, weil wir das Leben aktiv mitgestalten. Wir werden zu Persönlichkeiten mit Profil, die ihr Leben nach ihren Möglichkeiten selbst in die Hand nehmen.

Wenn wir also die eine Seite der Medaille annehmen und Empfindungen von Einsamkeit und Unsicherheit als notwendige Bestandteile von Verantwortung akzeptieren, dann kommen wir auch in den Genuss der anderen Seite dieser Medaille:

IN DEM MASSE, IN DEM WIR SELBSTVERANTWORTUNG ÜBERNEHMEN, ERLEBEN WIR UNSERE EIGENE LEBENDIGKEIT.

Wenn wir einmal den Entschluss gefasst haben, unsere Selbstverantwortung konsequent zu übernehmen, geben wir den Startschuss für ein Leben, dessen Schönheit und Intensität wir uns im Vorhinein nicht vorstellen können. Schritt für Schritt werden wir klarer darin, was wir wirklich wollen und was nicht. Weil wir über unsere eigenen Angelegenheiten selbst entscheiden, erhöht sich unsere Fähigkeit zur Selbstbestimmung. Wir vertiefen unser Vertrauen, dass wir unserer Selbstverantwortung gerecht werden. Dadurch wird sie weniger schwer auf unseren Schultern lasten, sondern uns immer wieder dazu einladen, etwas leichter in den rhythmischen Tanz des Lebens einzustimmen.

Auf diesem Weg erstrahlen wir mehr und mehr zu der aufregendsten, freiesten, schönsten, gelassensten und zufriedensten Version unserer selbst. Immer tiefer werden wir gewahr, dass uns das Leben stets mit allem ausstattet, was wir brauchen, um unsere Individualität ausleben zu können. Erst jetzt erleben wir wirklich die Tiefe dessen, was es bedeutet, mit dem Leben zu tanzen. Zwar wissen wir, dass zu diesem Tanz immer auch unsere Antwort auf das gehört, was uns das Leben gibt, aber wir erleben, wie sich diese Antworten immer natürlicher aus unserem Inneren den Weg in unsere Bewusstheit bahnen. Wir werden uns nicht mehr wegducken, sondern klar antworten, indem wir unsere *Ver-Antwortung* selbst übernehmen.[5]

Hierin liegt unsere Chance, am Ende unseres irdischen Lebens zurückzublicken und zu sagen: »Ich habe voll gelebt! Ich habe mich nicht durch Angst von meinem persönlichen Lebensweg abbringen lassen. Ich habe mich dazu entschieden, sichtbar zu werden. Ja, ich musste auch Gegenwind standhalten, aber ich habe ihn für mich genutzt, um ... zu fliegen!«

Vielleicht fragen Sie sich nun, ob Sie überhaupt »fliegen« möchten. Wenn Sie die Wahl treffen, sich nach innen zu wenden, um zu ergründen, wer Sie wirklich sind und worin Ihre Selbstverantwortung besteht, verlieren Sie dann vielleicht den festen Boden unter Ihren Füßen?

> **SELBSTERINNERUNG**
> Indem ich meine Selbstverantwortung übernehme, ergreife ich die Chance, das Leben auf meine Weise mitzugestalten.

---

[5] Wer sich tiefer und differenzierter mit Art und Umfang der Verantwortungsfähigkeit des Menschen befassen möchte, findet weitere Anregungen für das eigene Nachdenken in meinem Buch MEDIATION UND CHRISTLICHE VERANTWORTUNG, 195-307.

BUSINESSKLEIDUNG
UND MEDITATIONSKISSEN

IM ERSTEN MOMENT MAG ES NAHELIEGEN, sich vor die Wahl gestellt zu sehen: Möchte ich nach innen gehen und mich damit von der Welt abwenden oder möchte ich mich voll ins Leben stürzen und Erfolge, beispielsweise im Business, feiern? Beides zugleich scheint sich auszuschließen. Müssen wir uns also entscheiden?

Für manche Menschen gehört es durchaus zu ihren *WEGEN ZUM ICH*, starke Veränderungen in ihren äußeren Lebensumständen vorzunehmen. Wenn sie spüren, dass sie sich selbst irgendwo im Alltagsgeschehen verloren zu haben scheinen, lassen sie vielleicht Familie und Freunde, Arbeit und Besitz zurück, um ihr Leben vollkommen neu auszurichten. Zu diesem Zweck ziehen sich manche in die Abgeschiedenheit zurück, um sich ganz und gar ihrem Inneren zuzuwenden. Sie haben für sich erkannt, dass sie ihre zarte innere Stimme nur dann wahrnehmen können, wenn die lauten Eindrücke um sie herum (vollständig) verklungen sind.

Für diese Menschen ist es häufig sehr schmerzhaft, zu erkennen, dass sie für sich bisher (noch) keinen geeigneten Platz in dieser Welt gefunden haben, der zu ihnen zu passen scheint. Manche werden zu Aussteigern, die sich so konsequent wie möglich aus allem zurückziehen, was von außen auf sie einströmen und sie (über-)fordern könnte. Manche widmen ihr Leben der spirituellen Weiterentwicklung und treffen die Wahl, ihren Fokus dabei dauerhaft auf ihre eigene Innerlichkeit gerichtet zu halten. Soweit sie es können, vermeiden sie Ablenkungen von außen.

Wir müssen aber nicht unbedingt das eine wählen und dem anderen entsagen. Wir können Menschen in unserem Alltag inmitten des Spannungsfeldes aus persönlichem Leben und herausforderndem Business sein *und* dabei den Kontakt nach innen entdecken, halten und vertiefen.

Es ist also nicht zwangsläufig für jeden notwendig oder gar sinnvoll, das bisherige Leben hinter sich zu lassen. Viele Menschen entscheiden sich für *WEGE ZUM ICH*, die sie lediglich zeitweilig aus dem Trubel der Welt herausführen. Sie bleiben in ihren jeweiligen Lebensumständen und nehmen sich hier bewusst den Raum, um ihrem Inneren auf die Spur zu kommen.

Wie lange solche Phasen dauern, ist sehr unterschiedlich. Manche legen ein Sabbatical ein, andere besuchen Retreats, Exerzitien und Kurse und schaffen sich dadurch Inseln im Alltag. Wieder andere nehmen Bücher wie dieses zur Hand und üben ein, täglich nach innen zu gehen. Manche wählen eine Kombination aus unterschiedlichen Formaten und schaffen sich dadurch Rhythmen im Tages-, Wochen-, Monats- und Jahresverlauf. Diese erinnern sie fortwährend an eine bedeutsame Entscheidung, die sie für sich getroffen haben. Sie haben gewählt, ihrem eigenen Inneren Priorität beizumessen. Infolgedessen bestimmen nicht vornehmlich die äußeren Umstände über ihr inneres Befinden. Für sie ist es umgekehrt, sodass ihr inneres Dasein ihr äußeres Erleben prägt. Was bedeutet das konkret?

ES IST EINE ENTSCHEIDUNG, DEM EIGENEN INNEREN PRIORITÄT EINZURÄUMEN, UM VON INNEN NACH AUSSEN ZU LEBEN.

Wenn Sie diese Zeilen lesen, darf ich vermutlich davon ausgehen, dass Ihre täglichen Grundbedürfnisse derzeit (weitgehend) befriedigt sind. Sie gehören wahrscheinlich zu den privilegierten Menschen, die Zugang zu sauberem Trinkwasser, zu Nahrung, Obdach und Bildung haben. Sobald wir uns nicht mehr mühevoll um unser Überleben sorgen müssen, entsteht Raum, um unser Leben zu *gestalten*. In einer Gesellschaft, in der Wohlstand allgegenwärtig ist und (fast) alles unmittelbar verfügbar erscheint, erweitern sich die Wünsche nach mehr Komfort, mehr Besitz und mehr Erlebnis.

Werbung setzt genau hier an, nämlich bei dem Wunsch nach einem rundum bequemen und sorglosen äußeren Leben. Sie suggeriert, dass wir einem entsprechenden Lebensgefühl näherkommen können, wenn wir beispielsweise dieses oder jenes Produkt konsumieren. Zusätzlich zu Besitztümern spielen in unserer Leistungsgesellschaft Ansehen und Status eine Rolle. Menschen werden danach beurteilt, was sie in ihrem Leben bereits erreicht haben, welche Position sie bekleiden und welchen Einfluss sie auf ihr soziales Umfeld haben.

Allzu leicht geschieht es, sich in Abhängigkeit von derlei Äußerlichkeiten zu begeben. Wer seinen Wert als Mensch an Leistung, Besitz und Status hängt, wird vielleicht sogar zeitweilig berufliche Erfolge aufweisen und seinen materiellen Wohlstand ausbauen. Der Preis, der dafür zu zahlen ist, besteht häufig in einem unfreien Leben, das nicht selten existenzielle Ängste auslöst und nährt. Der Mensch ahnt, dass er tag-ein, tagaus in Vergängliches investiert, wenn er seinen Wert mit Können, Ansehen und Wohlstand verwebt. Der Tag wird kommen, an dem alle äußeren Reichtümer und Trophäen wertlos sind. Was bleibt dann noch von ihm und seinem Wert übrig, wenn all das weggebrochen ist, was ihn reich und glück-lich gemacht zu haben schien?

Wir haben also ständig etwas zu verlieren, wenn wir den Symbolen unserer äußeren Existenz zu viel Bedeutung verlei-hen und ihnen nachjagen. Wenn wir das nicht möchten, müs-sen wir nicht unbedingt auf physischen Komfort, Karriere-erfolg und ein gefülltes Bankkonto verzichten. Entscheidend ist vielmehr, diesen Äußerlichkeiten nicht die Macht zu geben, über den Wert unseres Menschseins zu entscheiden.

Wir können uns klarmachen, dass Leistung, Besitz und Status kommen und gehen. Damit erklären wir uns mit ihrer Vergänglichkeit einverstanden. Wir wissen, dass wir diese Erde genauso nackt und mit leeren Händen wieder verlassen wer-den, wie wir einst gekommen sind. Deswegen lassen wir uns nicht länger von äußeren, vergänglichen Dingen, Ansichten und Erfahrungen beherrschen. Wir verankern die Herrschaft über unser Leben fest in unserem inneren, unvergänglichen Wesenskern. Dadurch leben wir frei von innen nach außen. Dann können wir das Spiel des Lebens spielen, ohne Angst davor zu haben, zu einem Verlierer zu werden. Wir wissen:

WER NACH INNEN GEHT, KANN NUR GEWINNEN.

Wer die Wahl trifft, in der Welt zu bleiben *und* von innen nach außen zu leben, wird sich immer wieder von Tendenzen loszusagen haben, die suggerieren wollen, dass sein Heil vielleicht doch in den schönen Dingen dieser Welt liegt. Da er der Welt nicht den Rücken zukehrt und sich ihr deshalb auch nicht vollständig entzieht, wird der dafür empfängliche Teil im Menschen – das Ego – immer wieder in Versuchung geführt. Dem Ego sind die vergänglichen Reichtümer kostbar. Es will nicht von ihnen ablassen, weil sie die Requisiten in den Geschichten sind, die es dem Menschen über sich selbst und andere erzählt.

Deshalb ist es wichtig, wachsam zu sein und immer wieder neu und konsequent die Entscheidung für die eigene Innerlichkeit zu bekräftigen. Es lässt sich trainieren, von innen nach außen zu leben, statt sich in Äußerlichkeiten zu verlieren. Eine solche Haltung einzuüben, mag nicht immer einfach sein, es ist aber lohnenswert. Diese Landkarte bietet zahlreiche gedankliche und praktische Impulse, um die eigene Lebenshaltung zu überprüfen und neu auszurichten.

Wer in seinem eigenen Inneren Heimat gefunden hat, wird das Spiel des Lebens früher oder später durchschauen. Es wird ihm auffallen, sobald sich das Ego wieder regt, und er wird es konsequent in seine Schranken weisen. Er ist dann kein unruhig Suchender mehr, der dort draußen einen Ort der Einkehr und des Schutzes zu finden hofft und deshalb empfänglich für die Versprechungen der äußeren Welt ist. Er hat sich fest in sich selbst gegründet.

Die Augen desjenigen, der sein Glück nicht mehr außen

sucht, wirken wie Tore zu einer friedvollen Seele. Wissende Lachfältchen umspielen diese Augen, die Zeugnis davon ablegen, dass der Mensch, der durch sie in die Welt schaut, sie im wahrsten Sinne des Wortes *durch-schaut*. Er hat das Ringen um Erfolge in dieser Welt als das erkannt, was es ist: ein Spiel. Er verschmäht dieses Spiel nicht, weil er weiß, dass er dann zu seinem Sklaven würde. Er versteht es hingegen, dieses Spiel zu beherrschen, statt sich von ihm beherrschen zu lassen. Er weiß, dass es ihn rastlos machte, wenn er es zu ernst nähme und dass es ihn verfolgte, wenn er es verachtete. Also lebt er mit ihm und in ihm, ohne das Spiel und sich selbst zu wichtig zu nehmen.

Er hat etwas Kindliches, aber nichts Kindisches. Die Lippen eines wachen Menschen formen ein leichtes Lächeln, das um den Wert von innerer Versenkung, Selbstzentrierung und Einkehr ebenso weiß wie um den von Disziplin, Entschiedenheit und konsequentem Handeln. In sich vereint der Spieler des Lebens die selbstbestimmte Entschlossenheit eines siegessicheren Kämpfers mit der vertrauensvollen Hingabe eines entdeckenden Kindes.

EIN SPIELER DES LEBENS IST SIEGESSICHER, WEIL ER ES VERSTEHT, VON INNEN NACH AUSSEN ZU LEBEN.

Wer zu einem solchen Spieler des Lebens werden möchte – und wir alle haben das Potenzial dazu –, darf sich ganz praktisch darin üben, sich im Alltag immer genauer zu beobachten und zu befragen: Wann fühle ich mich in mir selbst gut beheimatet? Wie achtsam gehe ich mit mir und meinen Mitgeschöpfen um? Wie gelassen und friedvoll reagiere ich auf unvorhergesehene Situationen? Wie viel Dankbarkeit empfinde ich für die kleinen und großen Schätze in meinem Leben? Wie sehr gelingt es mir schon, Zeiten der inneren Einkehr mit der Geschäftigkeit meines Alltags zu verbinden?

In allem Fragen, Nachdenken, Fühlen und Handeln geht es schließlich darum, innen und außen klug miteinander zu verbinden. Wie Sie Transzendenz und Weltlichkeit miteinander ausbalancieren können, lässt sich ganz praktisch auf den Punkt bringen: Gehen Sie nach innen, üben Sie sich in Mitgefühl und Vergebung, überwinden Sie Grenzen des Sichtbaren, senden Sie Licht und Liebe in diese Welt *und* putzen Sie Ihr Bad, geben Sie Ihrem Leben Struktur, begleichen Sie Ihre Rechnungen und gehen sie Ihrer Arbeit nach.

Wenn Sie trainieren, in diesen und anderen Alltäglichkeiten mit Ihrem Inneren in Kontakt zu bleiben, werden Sie mit der Zeit mehr und mehr feststellen, dass sich innen und außen weniger stark unterscheiden, als Sie es vielleicht einmal annahmen. Die Tätigkeit des Badputzens kann beispielsweise so achtsam durchgeführt werden, dass sie zu einer kontemplativen Übung wird. Dadurch schulen Sie sich nicht nur in Versenkung, sondern auch das Bad wird deutlich sauberer, als wenn Sie es mit Groll geputzt hätten. Wenn es also an der Zeit ist, das Bad zu putzen, dann können Sie es auch mit Hingabe tun und dabei sogar Glück empfinden. Es mag komisch klingen, aber selbst das Bad kann durch die Art und Weise, *wie* sie mit ihm umgehen, zu einem Resonanzraum für Innenschau werden.

Auch Ihre Arbeitsstunden geben Ihnen die Möglichkeit, Ihr inneres Wesen in das einzutragen, was Sie tun. Vielleicht kennen Sie diese Momente, in denen Sie das erleben, was gemeinhin unter »Flow« verstanden wird. Es ist ein erhebendes und zugleich sehr geerdetes Gefühl, wenn Sie mit voller Konzentration einer Tätigkeit nachgehen und zugleich in einem starken Kontakt zu Ihrem Inneren stehen. Dann gehen Sie ganz und gar in diesem Moment der konzentrierten Vertiefung auf und die Ergebnisse, die Sie in solchen Phasen erzielen, sind von höchster Qualität.

Dies sind (kleine) Meilensteine. Es sind alltägliche Erfahrungen, die Sie machen können, wenn Sie von innen nach außen leben. Je mehr Sie trainieren, den Kontakt nach innen zu halten, desto selbstverständlicher wird es Ihnen einstweilen erscheinen, Ihre innere Weisheit in Angelegenheiten des äußeren Lebens um Rat zu fragen. Sie werden erleben, wie sich Qualität und Tiefe Ihres Lebens intensivieren lassen, wenn sich die Intelligenz des Verstandes mit der Weisheit der inneren Quelle verbindet. Diese Verbindung ermöglicht es Ihnen, zwischen Businesskleidung und Meditationskissen zentriert zu bleiben.

Es liegt bei Ihnen, Ihr Inneres zu erforschen und zu üben, seine Schönheit und Stärke auch im äußeren Leben sichtbar werden zu lassen. Wie lässt sich der Zugang zu Ihrer inneren Landschaft nun konkret anbahnen?

> **SELBSTERINNERUNG**
> Ich kann ein Spieler des Lebens sein, der sich auch in seinem äußeren Leben von seiner inneren Weisheit leiten lässt.

ZUSAMMENFASSUNG UND ÜBUNG

SELBSTERINNERUNG 1: Wenn ich nach innen gehe, kann ich mit meinem inneren Ratgeber in Kontakt sein, der mich weise berät und führt.

SELBSTERINNERUNG 2: Ich bin pure Liebe und mit der unbegreiflichen Intelligenz verbunden, die alles Leben erschaffen hat und es erhält.

SELBSTERINNERUNG 3: Indem ich meine Selbstverantwortung übernehme, ergreife ich die Chance, das Leben auf meine Weise mitzugestalten.

SELBSTERINNERUNG 4: Ich kann ein Spieler des Lebens sein, der sich auch in seinem äußeren Leben von seiner inneren Weisheit leiten lässt.

ÜBUNG: POSITIVER SELBSTKONTAKT

Wer sich in einem positiven Selbstkontakt schult, kann sich von innen heraus stärken und sich in sich selbst beheimaten. (Alltägliche) Tätigkeiten werden achtsamer durchgeführt und der Zugang zum eigenen inneren Ratgeber lässt sich schneller und leichter herstellen. Darüber hinaus gelingt es eher, auch in herausfordernden Situationen klar, zentriert und gelassen zu sein. Wer es versteht, Innenschau und Alltag miteinander in Einklang zu bringen, reift mehr und mehr zu einem verantwortungsbewussten und selbstbestimmten Menschen heran. Sie können kleine»Selbstunterbrechungen« nutzen, um zwischendurch mit sich selbst in Kontakt zu kommen: Setzen Sie sich dafür aufrecht und entspannt hin. Stellen Sie sich vor, wie alle Anspannung von Ihnen abfällt. Atmen Sie ruhig und konzentrieren Sie sich für eine Minute nur auf Ihren Atem: ... ein und aus, ein und aus... Wiederholen Sie diese Übung mehrfach am Tag.

3 | ZUGANG ZUR INNEREN LANDSCHAFT

DIE TATSACHE, DASS SIE SICH mit dieser Landkarte befassen, lässt vermuten, dass es etwas in Ihnen gibt, das sich nach Erkenntnis sehnt. Ein leiser oder lauter innerer Ruf bewegt Sie dazu, Ihre Lebenszeit und Aufmerksamkeit gerade dafür einzusetzen, sich selbst und die Lebendigkeit in Ihnen zu erforschen. Vielleicht fragen Sie sich inzwischen: Wie geht denn das? Wie bekomme ich einen Zugang zu meiner inneren Landschaft?

DIE SPRACHE DER SEELE

MENSCHEN MACHEN SICH SEIT JEHER auf die Suche nach sich selbst. Sie wollen ergründen, was es mit ihrem eigenen Wesenskern auf sich hat. Das heißt, dass schon vor uns viele Menschen nach Möglichkeiten gesucht haben, sich selbst zu erkennen.

In Berichten, Mythen, Geschichten, Märchen und Fabeln versuchen diejenigen, die uns auf *ihren WEGEN ZUM ICH* vorausgegangen sind, ihre Erkenntnisse festzuhalten und sie dadurch mit anderen zu teilen. Sie berichten davon, dass sie losgezogen sind, ferne Länder bereist, Weise aufgesucht, Lehren studiert und Kämpfe ausgefochten haben, um schließlich das zu erkennen, wozu auch Sie inzwischen schon einiges erfahren haben: Die Antworten lassen sich nicht außen finden, sondern innen.

Auch zu der Anschlussfrage, wie wir dorthin gelangen, haben Menschen schon unzählige Wege erprobt. Es gibt vielfältige Achtsamkeits- und Konzentrationstechniken, die der Versenkung dienen. Begriffe, wie etwa »Gebet«, »Meditation« oder »Kontemplation«, stehen letztendlich für Möglichkeiten, die der Mensch nutzen kann, um sich auf sich selbst zu besinnen. Jede von ihnen ist eine Praktik unter vielen, um die Aufmerksamkeit zeitweilig von Dingen, Erlebnissen und Eindrücken der Außenwelt abzuziehen und sich auf das eigene Innere zu konzentrieren.

So unterschiedlich wir Menschen sind, so unterschiedlich empfänglich sind wir auch für die verschiedenen Möglichkeiten, um uns selbst und dem Leben zu begegnen. Manche von uns falten ihre Hände zum Gebet, um Dank, Bitten und Klagen vor ihren persönlichen Gott zu bringen. Andere folgen festgelegten rituellen Abläufen, halten sich an Kleidungsvorschriften oder nehmen bestimmte Körperhaltungen ein, wenn sie sich der Kontemplation hingeben. Manche Menschen verwenden für ihre Versenkung auch spezielle Utensilien, Mantras oder Gebetssprüche.

Bei alledem handelt es sich um Hilfestellungen, die eine innere Einkehr anbahnen und unterstützen. Es sind demnach verschiedenartige Zugänge zum eigenen Inneren, um mit sich selbst in einen innigen Kontakt zu kommen und sich zu erkennen.

Für das, was uns dort in unserem Inneren erwartet, habe ich bisher Begriffe wie »innere Quelle«, »innere Landschaft«, »innere Weisheit« und »innerer Ratgeber« verwendet. Sie alle weisen auf Aspekte unserer Innenwelt hin, zu der auch unsere Gedanken und Empfindungen gehören. Die Gesamtheit dieser Innenwelt können wir auch als »Seele« bezeichnen. Ich verstehe unter »Seele« eine Art Bindeglied zwischen unserer geistig-schöpferischen Einzigartigkeit und der Ganzheit allen Lebens, aus der wir kommen und mit der wir stets verbunden sind und bleiben.

UNSERE SEELE IST DIE ESSENZ DESSEN, WAS WIR WIRKLICH SIND: EIN TEIL DES EINEN GROSSEN *ALLES-IN-ALLEM*.

Durch unser Fühlen, Denken und Handeln kommunizieren wir fortwährend mit unserer Seele. Oft sind wir aber zu beschäftigt, um ihre Antworten auf unser Erleben wahrzunehmen. Durch Innenschau können wir unserer Seele signalisieren, dass wir nun empfangsbereit sind. Wir geben ihr Raum, um mit uns zu kommunizieren und sich uns verständlich zu machen. Wie aber kommuniziert unsere Seele?

Um der Antwort auf diese Frage nachzuspüren, möchte ich Sie zu einem kleinen Experiment einladen: Bevor Sie zum nächsten Textabschnitt übergehen, schließen Sie bitte Ihre Augen und sprechen Sie innerlich das Wort »Sonnenuntergang«. Tun Sie das einige Male und beobachten Sie einfach, was geschieht. Erst dann lesen Sie weiter.

Wie ist es Ihnen ergangen? Und was haben Sie wahrgenommen? Es kann sein, dass Sie zunächst tiefer geatmet und sich entspannt haben. Vielleicht hat sich das Wort »Sonnenuntergang« mit dem Rhythmus Ihres Atems verwoben, sodass es jeweils mit dem Einströmen oder dem Ausströmen der Luft einherging. Vielleicht wurde es heller vor ihrem inneren Auge. Es kann auch sein, dass Sie sich an einen ganz bestimmten Sonnenuntergang erinnert fühlten, den Sie einmal erlebt haben. Welche Gefühle verbinden Sie mit diesem speziellen Sonnenuntergang? In welcher Situation waren Sie an dem Tag? Was war an jenem Abend so bedeutsam für Sie, dass Sie sich noch heute daran erinnern?

Vielleicht haben sich Bilder vor Ihrem inneren Auge gezeigt. Vielleicht spielte sich auch ein Film ab und ließ Sie eintauchen in Ihre Erinnerung an genau den Moment, in dem die Abendkühle sich um Sie herum ausgebreitet hat. Vielleicht nahmen Sie Gerüche von Speisen wahr, die Sie genossen haben, als die Helligkeit des Tages langsam am Horizont versiegte. Vielleicht spürten Sie sogar die Hand eines anderen in Ihrer eigenen und erinnerten sich daran, wie nah oder fern Sie sich dieser Person in dem Moment fühlten. Hatten Sie gemeinsam Freude oder war es ein herausfordernder Augenblick?

Vielleicht kamen Ihnen aber auch keine Erinnerungen an eine erlebte Situation. Dann gehören Sie vielleicht zu den Menschen, vor deren innerem Auge sich eher ein Schriftzug gezeigt hat. Welche Farbe hatten die Buchstaben? Haben Sie das Wort vielleicht (kürzlich) irgendwo gelesen? Vielleicht sahen Sie es als Schaufensterwerbung in einem Reisebüro und es hat in Ihnen die Lust auf eine entspannende Auszeit in der Ferne geweckt.

Möglicherweise mögen Sie Sonnenuntergänge aber auch gar nicht, weil Sie zu den Frühaufstehern gehören und vielmehr das aufwachende Leben am Morgen lieben. Wie war es bei Ihnen? Haben Sie den Untergang durch einen Aufgang ersetzt und die Frische des heranreifenden Tages gespürt? Oder haben Sie sogar Abwehr in Ihrem Körper wahrgenommen, weil Sonnenuntergänge in Ihnen Erinnerungen hervorrufen, die Sie ermüden oder aufwühlen?

Wenn es Ihnen bei dieser kleinen Übung schon gelungen ist, einen guten Draht nach innen aufzubauen, wird sich Ihre innere Landschaft auf eine Weise gezeigt haben, die Ihre Innenwelt widerspiegelt. Es kann allerdings auch sein, dass die Antwort Ihrer Seele noch aussteht und Sie sich in Geduld üben dürfen. Bleiben Sie in diesem Falle einfach wachsam, um mitzukommen, wann und wie Sie Antwort auf den Impuls »Sonnenuntergang« erhalten.

Mit etwas Übung lassen sich Erfahrungen wie diese intensivieren. Es ist möglich, so sehr in das Erleben hineinzugehen, dass es sich vollkommen real anfühlt. Die Sinne sind dann geschärft und es entsteht ein Zustand voller Konzentration und Bewusstheit. Am ehesten lässt sich ein solches Erleben mit Träumen vergleichen. Träume kreieren mit Bildern, Empfindungen und Abfolgen von Ereignissen eine Welt, die sich nicht mehr von der Welt unterscheidet, die wir im Wachzustand wahrnehmen. Häufig wirken auch Themen, Ängste, Wünsche, Visionen etc. mit hinein, die im Leben des Träumenden bedeutsam sind.

Das kleine Experiment sollte zeigen, wie aus einem einzigen Wort ein bildhaftes Erlebnis werden kann. Ihr Inneres hat das Wort mit Ihrem ganz persönlichen Sinn in Verbindung gebracht und von diesem Sinn ausgehend *Ihr* Erlebnis geschaffen.

Allerdings bedarf es gar keiner Worte, um in unsere innere Kommunikation einzutauchen. Unsere Seele kommt ganz ohne Worte aus. Mehr noch: Je weiter wir uns auf das Unsagbare zubewegen, desto begrenzender und unzulänglicher erscheinen uns Worte. Deshalb wird unser Inneres früher oder später die Ebene von Begriffen verlassen und uns zu Erkenntnissen führen, die für uns ganz persönlich *hinter* dem Sagbaren liegen. Und das, was hinter dem Offensichtlichen liegt, ist wirklich entscheidend.

Sie haben bis hierher inzwischen schon einige Worte gelesen. Die Inhalte werden aber nur dann für Sie bedeutsam sein, wenn Sie mit Ihrer Erlebniswelt daran anknüpfen können und das Gelesene mit persönlichem Sinn verbinden. Das macht nicht allein ihr Verstand möglich, sondern die Gesamtheit Ihrer Innenwelt mit Ihren Empfindungen, Erfahrungen und Prägungen. Das ist auch derjenige Weg, auf dem Ihre Seele Sie in bestimmte Gefilde Ihrer inneren Landschaft führt, um Ihnen dort zu zeigen, was jetzt beachtenswert für Sie ist.

UNSERE SEELE KOMMUNIZIERT, INDEM SIE UNS IN EIN ERLEBNIS HINEINFÜHRT, DAS FÜR UNS PERSÖNLICHEN SINN HAT.

Am Beispiel des Sonnenuntergangs konnten Sie erleben, dass es möglich ist, Ihrem Inneren einen Impuls zu geben, auf den es antwortet. Sie haben ihm gewissermaßen einen Ball zugespielt und abgewartet, wann und wie er zu Ihnen zurückkommt. Diese Form der Kommunikation ist ganz natürlich in uns angelegt. Wir können sie gezielt als einen Weg der inneren Einkehr nutzen, um mit unserer Seele zu kommunizieren.

Teil II dieser Landkarte wird sich genau dieses Mittel zunutze machen und Ihnen Bilder und Inspirationstexte als Anregungen zur Innenschau an die Hand geben. Diese werden Sie einladen, von Ihrem reinen Verstandesdenken zeitweilig Abstand zu nehmen und in intensive innere Erlebnisse einzutauchen. Dabei werden unterschiedliche Kanäle der Wahrnehmung angesprochen, wodurch Sie auch mit einer emotionalen und entsprechend tieferen Ebene Ihres Daseins in Kontakt kommen können. Es spannen sich Räume für klärende Selbstbegegnungen auf, sodass innere Verstehensprozesse und persönliches Wachstum gefördert werden. Infolgedessen gelangen

Ideen und Erkenntnisse an die Oberfläche, die sich schließlich auch im äußeren Leben nutzen lassen.

Die Chancen, die sich auftun können, wenn Sie die Kommunikation mit Ihrer Seele intensivieren, sind also sehr vielfältig. Was erhoffen Sie sich ganz persönlich davon, Ihre Innenwelt weiter zu erforschen?

> **SELBSTERINNERUNG**
> Meine Seele kommuniziert mit mir, indem sie innere Erlebniswelten erschafft und mich einlädt, in sie einzutauchen.

ZUM THEMA »ERWARTUNGEN«

ES MAG SEIN, DASS SIE INZWISCHEN GESPANNT SIND, was Ihnen bei der Entdeckungsreise Ihrer inneren Landschaft alles begegnen wird. Aus gutem Grund! Es kann aufregend, anrührend, tief bewegend, heilend, überwältigend, wunderschön, ja lebensverändernd sein, zu entdecken, welche unerforschten Gebiete in Ihnen verborgen liegen. Das alles sind motivierende Aussichten. Gleichzeitig möchte ich Sie dazu einladen, Ihre Erwartungen abzulegen.

HABEN SIE MÖGLICHST KEINE ERWARTUNGEN.

Diese Einladung mag Sie verwundern. Immerhin haben Sie schon einen Teil Ihrer kostbaren Lebenszeit mit der Lektüre dieses Buches verbracht. Darüber hinaus haben Sie inzwischen vielleicht große Lust entwickelt, das Potenzial der Innenschau für Ihre alltägliche Lebensführung zu ergründen. Das kann es erschweren, sich von erwartungsvoller Vorfreude zu lösen. Und doch ist es lohnenswert.

Ich bin davon überzeugt und durfte es inzwischen auch bei vielen Menschen miterleben, dass sich Bedeutsames ereignen kann, wenn wir uns der Innenschau hingeben. Ebenso meine ich, dass sich eigene Erwartungen jedem Gnadengeschenk in den Weg stellen können. Sie können es erschweren oder gar verhindern, dass wir uns wirklich offen für unsere inneren Impulse halten.

Erwartungen haben etwas mit »Vor-Stellungen« zu tun. Vorstellungen wiederum sind Annahmen, die *vor* die Wirklichkeit *gestellt* werden. Sie sind nicht die Wirklichkeit selbst, sondern gedankliche Versuche, die Wirklichkeit zu erfassen oder sie auf gewünschte Weise zu formen, um sie zu kontrollieren. Viele dieser Versuche tragen den Irrtum in sich, dass die Wirklichkeit, so wie sie ist, nicht gut (genug) ist und dass etwas getan werden müsste, um sie positiv zu verändern. Das erzeugt Stress, Frustration, Undankbarkeit, Leid und Angst, weil die Wirklichkeit nun einmal ist, wie sie ist. Jeder Anspruch, der nicht mit der Wirklichkeit in Einklang steht, wird letzten Endes an ihr zerschellen.

Wer sich diesen Zusammenhang vergegenwärtigt und sich weitestgehend von Vorstellungen und damit auch von Erwartungen verabschiedet, kann sich in Absichtslosigkeit üben. Das beinhaltet, so viel Offenheit wie möglich aufzubringen und widerstandslos geschehen zu lassen, was geschieht. Inwieweit Sie es für möglich halten, absichtslos zu sein, bleibt Ihnen überlassen.

Eine Absicht gibt eine Stoßrichtung vor und schafft damit Rahmenbedingungen, unter denen etwas Bestimmtes geschehen kann. Sie haben beispielsweise die Absicht verfolgt, sich mit dieser Landkarte zu befassen, das Buch zur Hand genommen und begonnen, darin zu lesen. Sobald die Richtung vorgegeben ist, kann Absichtslosigkeit einsetzen. Eine absichtslose Haltung begünstigt es, sich nicht durch das eigene Wollen selbst im Weg zu stehen, sondern mit dem Lauf der Dinge mitzugehen. Im Falle dieser Lektüre bedeutet das, dass Sie nicht an dem festhalten, was Sie zwischen diesen Buchdeckeln vorzufinden *erwarten*.

Sie lassen sich vielmehr auf das ein, was diese Landkarte tatsächlich für Sie bereithält, und machen das Beste daraus.

Ähnliches gilt auch für die Innenschau. Wenn Sie nach innen gehen, können Sie entsprechende Rahmenbedingungen schaffen, damit die Innenschau gelingen kann. Im Moment der Innenschau selbst ist es dann angezeigt, Erwartungen abzulegen und einfach geschehen zu lassen, was geschieht. Dadurch halten Sie sich für die Geschenke offen, die das Leben – innen wie außen (!) – für Sie bereithält.

Eine solche Offenheit gelingt umso leichter, wenn wir uns darüber im Klaren sind, dass wir nicht alles verstehen und erklären können. Wir können zwar Vermutungen über das anstellen, was in uns und um uns herum geschieht. Allerdings stehen uns genau diese Vermutungen allzu häufig im Weg, weil auch sie in die Kategorie »Vor-Stellungen« gehören. Es ist ein Akt der Demut, die Begrenztheit des eigenen Wissens anzuerkennen und die Wirklichkeit ganz genauso anzunehmen, wie sie ist. Darin zeigt sich die eigene Bereitschaft zur Hingabe.

WIR MÜSSEN NICHT ALLES VERSTEHEN UND ERKLÄREN, SONDERN ES GENÜGT, SICH MIT OFFENHEIT HINZUGEBEN.

Hingabe hat einen ganz praktischen Nutzen: Sie vereinfacht das Leben. Wie häufig verkompliziert der Mensch die Dinge, weil er an seinen Vorstellungen, Wünschen und Erklärungen festhält. Dadurch bekämpft er DAS, WAS IST. Diese Kämpfe kosten nicht nur immens viel Kraft, sondern sie sind zudem aussichtslos. Außerdem verhindern sie es, die Schönheit des gegenwärtigen Augenblicks zu erkennen und zu schätzen. Jemand, der wütend vor sich hin stampft und dabei über DAS, WAS IST schimpft, wird die farbenfrohe Blütenpracht am Wegesrand vermutlich kaum eines Blickes würdigen und kann sich nicht daran erfreuen. Die Schönheit des Augenblicks geht an ihm vorbei, weil er sich weigert, diesen genauso anzunehmen, wie er gerade ist und stattdessen daran festhält, ihn anders haben zu wollen.

Wir können trainieren, vertrauensvoll loszulassen und den Dingen zu erlauben, auf *ihre* Weise und zu *ihrer* Zeit zu uns zu kommen. Dazu nehmen wir die Haltung eines Forschers ein. Vielleicht hat dieser schon Vorannahmen zu seinem Forschungsgegenstand, aber wenn er wissen möchte, wie die Dinge *wirklich* sind, dann geben nicht seine Hypothesen den Ton an, sondern die Wirklichkeit, wie sie sich zeigt. Nicht selten ergaben sich bedeutsame Erkenntnisse in der Forschung scheinbar zufällig als »Nebenprodukte«.

Klarheiten zeigen sich uns manchmal gerade dann, wenn wir mit der krampfhaften Suche nach ihnen pausieren. Das ist ähnlich wie bei einem Gegenstand, den wir verlegt haben und den genau jetzt sofort finden zu wollen wir aufgeben. Wenn wir das Wollen loslassen und stattdessen akzeptieren, dass das Teil gerade an einem anderen Ort ist, dann findet es sich manchmal ganz nebenbei an den erstaunlichsten Plätzen wieder, an denen wir vielleicht nicht einmal danach gesucht hätten. Und wenn nicht? Dann haben wir auch Frieden darüber und verabschieden uns davon. Vermutlich werden wir feststellen, dass wir auch ohne diesen Gegenstand weiterleben können, oder wir beschaffen einen adäquaten Ersatz.

Indem wir zu mehr Hingabe an den Lauf der Dinge bereit sind, erkennen wir an, dass wir *den* einen Weg nicht kennen und auch nicht kennen müssen. Wir werden freier darin, unterschiedliche WEGE ZUM ICH auszuprobieren und dadurch auf vielfältige Weise Erfahrungen zu sammeln. Vor dem Hintergrund unserer eigenen Erlebnisse können wir dann entscheiden, welche Erfahrungen wir wiederholen und damit vertiefen möchten und welche wir ablegen wollen, weil sie uns nicht mehr angemessen repräsentieren.

Gehen Sie mit Ihren Erwartungen also auf eine konstruktive Weise um. Freuen Sie sich über jede »Ent-Täuschung«. Eine Enttäuschung lässt Sie wissen, dass Sie eine Annahme *vor* die Wirklichkeit *gestellt* haben und sich diese Vorstellung gerade als Illusion entpuppt hat. Sie zeigt Ihnen an, dass es nun eine Täuschung weniger in Ihrem Leben gibt. Das ist doch ein Grund zur Freude!

Zu den wünschenswerten Resultaten von abgelegtem Erwartungsdruck gehört auch die Freiheit, den Zugang zu Ihrer inneren Landschaft ganz genau so zu gestalten, wie Sie es möchten. Dazu können Sie sich eine Übungspraxis aneignen, die für Sie passgenau ist.

SELBSTERINNERUNG
Jede losgelassene Erwartung ist eine Chance für mein persönliches Wachstum, weil ich offener werde, um zu empfangen.

ÜBUNGSPRAXIS
PASSGENAU

DIE FRAGE DANACH, *WIE* DER ZUGANG zum eigenen Inneren aussehen kann, führt zunächst darauf zu, sich grundsätzlich über den Stellenwert von Innenschau im eigenen Leben klarzuwerden. Allein dadurch, dass Sie sich mit dieser Landkarte befassen, entsteht schon ein Raum für Veränderungen in Ihrem Denken und infolgedessen auch in Ihrem Handeln. Das passiert von ganz allein, weil wir uns selbst durch das prägen, mit dem wir uns beschäftigen.

Wenn Sie über diese automatischen Vorgänge hinaus von Innenschau profitieren möchten, können Sie sich – sofern nicht bereits vorhanden – eine entsprechende Übungspraxis aneignen. Dadurch binden Sie die Innenschau explizit in Ihren Alltag ein und können Ihren Zugang nach innen kontinuierlich vertiefen. Infolgedessen werden Sie auch zunehmend schneller mit Ihrem inneren Ratgeber in Kontakt kommen und Ihre inneren Klarheiten schließlich für Ihr äußeres Leben nutzen können.

Mit einer passgenauen Übungspraxis reservieren Sie bestimmte Zeiten für Ihren Zugang nach innen. Dadurch bekräftigen Sie den Entschluss, Ihrem Selbstkontakt ab jetzt eine höhere Priorität beizumessen. Außerdem üben Sie es, sich zunehmend konsequenter an eine Vereinbarung mit sich selbst zu halten.

Damit Ihnen Ihre Übungspraxis Freude bereitet und Sie auch langfristig am Ball bleiben, ist es wichtig, dass das Format Ihnen entspricht und Sie bestmöglich unterstützt.

EINE LANGFRISTIG WIRKSAME ÜBUNGSPRAXIS PASST SICH DEM MENSCHEN AN, NICHT UMGEKEHRT.

Wenn Sie mich nun fragen würden, wie genau *Ihre* Übungspraxis aussehen sollte, dann wäre meine ehrliche Antwort darauf: Ich kann es Ihnen nicht sagen! Ich kann es nicht wissen, weil ich nicht weiß, welche Übungsform bei Ihnen greift. Ich weiß nicht, aus welchem Vorgehen Sie größtmöglichen Nutzen ziehen und auf welche Übungsformate Sie gut verzichten können, weil sie Ihnen Stress bereiten und Ihnen damit mehr schaden als nutzen.

Das stellt Sie vor die Aufgabe, sich selbst eine für Sie passgenaue Übungspraxis zu entwerfen. Darunter verstehe ich, dass Sie die Inhalte, Inspirationen, Anregungen und Methoden, die Sie schon erhalten haben und noch erhalten werden, als Rohmaterial verwenden, um ein Format für Ihre persönliche Weiterentwicklung zusammenzustellen.

In Teil II bekommen Sie noch konkrete Anregungen, um eine solche Übungspraxis mit Phasen der Innenschau aufzubauen.[6] Hören Sie aber auch in diesen scheinbar banalen Ge-

---

[6] Insbesondere in Kap. INNENSCHAU PLANEN und Kap. ELEMENTE FÜR ÜBUNGS-FORMATE.

staltungsfragen auf Ihren inneren Ratgeber, denn es ist *Ihre* Übungspraxis und damit *Ihr* Leben, das Sie gestalten. Finden Sie selbst heraus, was sich für Sie stimmig anfühlt und was nicht. Probieren Sie unterschiedliche Möglichkeiten aus und passen Sie sie an. Intensivieren Sie Hilfreiches und verwerfen Sie weniger Hilfreiches.

Sehen Sie in alledem eine Gelegenheit unter vielen, um Ihre eigenen inneren Klarheiten fokussiert und entschlossen umzusetzen. Gedanken über das Übungsformat werden dadurch zur Übung selbst, sodass Sie einen doppelten Effekt erzielen: Sie planen Ihre Übungen und zeitgleich üben Sie schon.

Machen Sie sich zudem klar, dass die Übungspraxis kein Selbstzweck ist. Sie kann Ihnen zu einem, ja zu *dem* Schlüssel für mehr Klarheit, Selbstbestimmtheit und Kraft in Ihrem Leben werden. Der Sinn einer passgenauen Übungspraxis besteht gerade darin, das eigene Leben genau so zu gestalten, wie es für Sie ganz persönlich stimmig ist. Dazu können Sie Strukturen entwickeln, die Sie optimal darin unterstützen, sich täglich etwas mehr in die Person hinein zu entwickeln, die Sie wirklich sein möchten. Jeder einzelne Moment kann Ihnen dann zu einer sinnvollen Übungsgelegenheit werden, um das in die Tat umzusetzen, was Sie von sich selbst sehen möchten.

Ihre Übung – sowohl in Zeiten der Innenschau als auch in Alltagssituationen – wird hoch wirksam und nachhaltig sein, weil sie in dieser Form einzig und allein aus Ihnen heraus entstanden ist. Sie verfügen über die Fähigkeit, Ihr Leben auf Ihre ganz eigene Weise stimmig zu führen und sich weiterzuentwickeln. Deswegen biete ich Ihnen hier auch keine Patentrezepte, sondern Rohmaterial für die Gestaltung *Ihres* Lebens nach Ihren Interessen und Ihrem Bedarf.

EINE SELBST ENTWICKELTE ÜBUNGSPRAXIS IST FÖRDERLICH, UM DAS EIGENE LEBEN STIMMIG UND SELBSTWIRKSAM ZU FÜHREN.

Gehen Sie dabei spielerisch vor und erlauben Sie auch, dass manches ohne Ihr direktes Zutun an seinen Platz fallen darf. Lassen Sie Ihrer Kreativität freien Lauf. Das tun die meisten von uns schon ganz selbstverständlich im Alltag, ohne es bewusst wahrzunehmen. Das Gemüsemesser wird zum Brieföffner umfunktioniert, die leere Weinflasche erlebt ein Comeback als Rosenvase und das ausgediente T-Shirt eignet sich hervorragend zum Schuheputzen. Das sind Beispiele dafür, sich nicht an den ursprünglichen Zweck eines Gegenstands zu binden, sondern seine Eigenschaften als Rohmaterial für eigene Zwecke zu nutzen. Tun Sie das Gleiche mit den Angeboten dieser Landkarte.

Wenn Sie die Übungspraxis nicht allein auf feste Zeiten begrenzen, sondern die Erkenntnisse aus der Innenschau auch in Ihrem äußeren Leben nutzen möchten, endet Ihre Übungspraxis nicht mit dem Gong des Meditationstimers. Für Sie wird sie zu einem Bestandteil Ihrer Lebenshaltung.

> **SELBSTERINNERUNG**
> Eine passgenaue Übungspraxis ist mein Zugang nach innen und stärkt mich, stimmig und selbstkompetent zu leben.

SOUVENIRS
VON DER INNEREN REISE

WER SEINEN ZUGANG ZUR INNEREN LANDSCHAFT gefunden hat, wird dort Erfahrungen machen. Er wird Erlebnisse haben, die manchmal bunt, kraftvoll und eindrücklich sind. Ein anderes Mal werden sich Impulse, ganz zart und zurückhaltend, kaum merklich ihren Weg an die Oberfläche bahnen. Ob laut oder leise, am Ende von inneren Reisen wird manches sichtbar geworden sein, das wegweisend sein kann. So schnell es jedoch gekommen ist, kann es auch wieder im Trubel des Alltags untergehen. Was lässt sich tun, um die kostbaren inneren Erkenntnisse nicht wieder zu verlieren, sondern sie für das äußere Leben zu nutzen?

Die Erfahrung zeigt, dass Lernprozesse vom Training leben. Wer beispielsweise ein neues Instrument spielen, eine neue Sprache erlernen oder sich eine neue Sportart aneignen möchte, plant dafür Übungszeiten ein. Diese Zeiten sind dafür da, sich ausschließlich auf die zu erlernenden Fertigkeiten zu konzentrieren. Mit fortschreitender Zeit und zunehmender Anzahl an Trainingseinheiten erweitern sich die Kompetenzen auf dem jeweiligen Gebiet. In der Regel werden diejenigen besser und erfolgreicher, die mit Hingabe und Konsequenz daran arbeiten, Gelerntes zu vertiefen und zu erweitern. Das heißt, sie fangen nicht immer wieder von vorn an, sondern wenden bereits bestehende Kompetenzen an und bauen auf ihnen auf.

Wenn ein bestimmtes Können erst einmal in Fleisch und Blut übergegangen ist, dann geht vieles automatisch von der Hand. Bis dieses Stadium allerdings erreicht ist, sind neben stetiger Übung auch Wiederholung und Erinnerung vonnöten. Das hat insbesondere damit zu tun, dass wir Menschen vieles aus Gewohnheit tun. Wir eignen uns bestimmte Denk-, Gefühls- und Verhaltensmuster an und gehen ihnen dann ganz selbstverständlich und damit häufig unbewusst nach. Vielleicht haben Sie selbst schon einmal die Erfahrung gemacht, wie herausfordernd es sein kann, eingespielte Gewohnheiten durch neue zu ersetzen.

Auf unseren WEGEN ZUM ICH spielen unbewusste Denk-, Gefühls- und Verhaltensmuster ebenfalls eine wichtige Rolle. Das gilt insbesondere, wenn Sie durch und mit Innenschau tatsächliche Veränderungen in Ihrem äußeren Leben erwirken möchten. Dann kann es nützlich sein, sich eine Technik anzueignen, die Sie darin unterstützt, Ihren Selbstkontakt nicht nur in den festgelegten Übungszeiten zu trainieren, sondern auch darüber hinaus.

Weil es zur Realität vieler Menschen gehört, im Alltag sehr beschäftigt zu sein, ist es hilfreich, bereits Gelerntes möglichst schnell und ohne großen Mehraufwand wieder aufrufen zu können. Das ist wie bei Stichpunkten oder Zusammenfassungen, die an die wesentlichen Aspekte eines Textes erinnern, ohne dass dieser erneut gelesen werden müsste. Ähnliches gilt für Einsichten und Vorhaben, die sich in den für die Innenschau reservierten Übungszeiten ergeben. Sie lassen sich schneller und wirksamer nutzen, wenn Erinnerungshilfen in den Alltag integriert werden. Merkposten erinnern daran, sich in einem bestimmten Bereich üben zu wollen, sodass fortlaufend Trainingsprozesse vonstattengehen, die schließlich in neue gewünschte Gewohnheiten einmünden.

Um den Effekt noch genauer zu verstehen, den Sie dafür nutzen können, lade ich Sie erneut zu einem kleinen Experiment ein: Bitte denken Sie jetzt an Ihre Lieblingsmusik. Welches Musikstück kommt Ihnen als Erstes in den Sinn? Wann haben Sie es zuletzt gehört? An welche Situation oder Person erinnern Sie diese Klänge?

Es ist wahrscheinlich, dass sich innerhalb kürzester Zeit und sogar während Sie lesen, bestimmte Emotionen in Ihnen geregt haben. Vielleicht haben Sie tief durchgeatmet und sich von dem imaginären Klangteppich tragen lassen. Vielleicht haben Sie sich auch hin- und hergewiegt oder in Gedanken (wild) zu tanzen begonnen. Bei manchen Menschen kann sich das Erleben so stark intensivieren, dass sie augenblicklich zu lachen oder zu weinen beginnen.

Während Sie mit dem Wort »Sonnenuntergang« zunächst einem relativ allgemeinen Impuls nachgespürt haben[7], ist Ihre Lieblingsmusik etwas, mit dem Sie sich emotional direkt verbunden fühlen. Deswegen hat sie das Potenzial, blitzschnell bestimmte Reaktionen in Ihnen hervorzurufen. Diese Wirkungsmöglichkeit lässt sich nutzen, um auch im Alltag zu trainieren, den Kontakt nach innen zu bewahren. Ähnlich wie beim Sonnenuntergang werden Sie später in ausführlicher Form mit Bildern und Inspirationstexten in die

---

[7] In Kap. DIE SPRACHE DER SEELE.

Innenschau gehen können. Dort geben Sie sich den Raum, dem nachzuspüren, was Ihre Innenwelt aus diesen Impulsen macht. Die wichtigsten Erkenntnisse können Sie anschließend mit einem Merkposten – wie Ihre Lieblingsmusik – verbinden, der Sie sehr schnell an das erinnert, was Sie in längerer Form in der Innenschau erlebt haben.

Der direkte Weg zu solchen Erinnerungen, die uns zur Verhaltensänderung einladen, führt über unsere Emotionen. Wie schnell sich bestimmte Emotionen einstellen, kennen Sie vermutlich nicht erst seit dem Experiment mit Ihrer Lieblingsmusik, sondern auch aus anderen Situationen, in denen Sie etwas Bestimmtes schmecken, riechen, hören, berühren oder ansehen.

Diesen Effekt nutzen viele Menschen ganz automatisch, wenn sie von ihren Reisen Souvenirs mitbringen. Mitgebrachte Gegenstände anzusehen oder landestypische Spezialitäten zu kosten, lässt Erinnerungen aufsteigen und Urlaubsgefühle entstehen. Sie können von Ihren Reisen nach innen ebenfalls Souvenirs mitbringen, die Sie während des Alltags augenblicklich an das erinnern, was Sie schon erreicht haben und noch umsetzen wollen.

Wenn sich in einer Innenschau etwas für Sie gezeigt hat, das in Ihrem Alltag bedeutsam ist, fassen Sie Ihre Erkenntnisse erst einmal zusammen. Wie genau Sie das tun können, erfahren Sie an entsprechender Stelle in Teil II.[8] Anschließend über-

---

[8] Anregungen für Ihre Zusammenfassungen finden Sie in Kap. ELEMENTE FÜR ÜBUNGSFORMATE und unter den Überschriften ZUSAMMENFASSUNG bei den einzelnen Angeboten zur Innenschau.

legen Sie sich, was ein geeignetes Souvenir sein könnte, das Sie zuverlässig an Ihre Einsichten und Vorhaben erinnert, die aus dieser inneren Reise hervorgegangen sind. Als eine Art Zusammenfassung Ihrer Zusammenfassung bildet das Souvenir die Essenz Ihrer Erkenntnisse ab.

Wenn Sie sich beispielsweise vornähmen, gelassener in Situationen zu reagieren, die Sie bisher schnell aufgewühlt haben, dann fänden Sie eine Möglichkeit, um sich im betreffenden Moment *sofort* daran zu erinnern, mehr Gelassenheit zu zeigen. Vielleicht wüssten Sie von sich selbst, dass es Ihnen besonders im Straßenverkehr an Gelassenheit fehlt, weil Sie sich schnell über andere Verkehrsteilnehmer aufregen. Dann wäre dies ein ideales Übungsfeld. Ein sinnvolles Souvenir könnte ein Klebezettel auf dem Lenkrad sein, auf dem geschrieben steht: »Ich kann *jetzt* wählen, gelassen zu reagieren!« Der Anblick des Zettels hätte das Potenzial, sofort die emotionale Verbindung zu dem Moment herzustellen, in dem Sie ihn geschrieben haben.

Jemand, der durch Innenschau auf das Thema »Selbstliebe« kommt und feststellt, dass es ihm an Achtung vor sich selbst fehlt, könnte beispielsweise einen *Smiley* am Spiegel im Badezimmer anbringen. Mit jedem Blick in den Spiegel erinnert das freundliche Gesicht dann daran, für einen Moment innenzuhalten, sich selbst anzulächeln und sich vielleicht etwas Liebevolles zuzusprechen.

Neben den Souvenirs, die Sie sich selbst überlegen, hält auch diese Landkarte hilfreiche Erinnerungsmöglichkeiten für Sie bereit. In Teil II erhalten Sie zwölf Angebote für die Innenschau. Zu jedem Einzelnen gehört ein Bild, das Sie in

Ihr passgenaues Übungsformat integrieren können. Diese Bilder eignen sich ebenfalls hervorragend, um Sie strategisch einzusetzen. Sie haben das Potenzial, Sie augenblicklich in die entscheidenden Momente Ihrer Innenschau zurückzuversetzen und Sie dadurch in der passenden Situation an Ihre Einsichten und Vorhaben zu erinnern.

BILDER KÖNNEN AUGENBLICKLICH AN BEREITS GELERNTES ERINNERN UND WIE EINE AKUTMEDIZIN FÜR DIE SEELE WIRKEN.

Ich habe sowohl in den Momenten, in denen ich die Bilder malte, als auch während späterer Zeiten meiner eigenen Innenschau kostbare Einsichten durch sie gewonnen. Um diese fortwährend zu vertiefen und auch mein Handeln danach auszurichten, möchte ich mich in meinem Alltag immer wieder kurz an diese Schätze erinnern. Deshalb habe ich die Bilder in Wohn- und Arbeitsräumen strategisch platziert. Betrete ich einen dieser Räume und erblicke eines von ihnen, reicht dieser kurze Augenblick aus, um mich mit mir selbst in einen bewussten Kontakt zu bringen. Diese Methode hat mich schon in manchen Situationen darin unterstützt, mein Denken und Handeln augenblicklich zu klären und mich bewusst neu auszurichten.[9]

---

[9] Ganz hinten in diesem Buch finden Sie die Bilder als Farbdrucke, die Sie heraustrennen und als Ihre persönlichen »Souvenirs für die Westentasche« verwenden können. In größerer und hochwertigerer Ausführung sind alle Bilder auch online erhältlich. Besuchen Sie dazu: www.wll-shop.de

Möglicherweise finden auch Sie Gefallen daran, sich eine Strategie zu überlegen, durch die Sie sich fortwährend auf Ihre wertvollen Erkenntnisse aus der Innenschau besinnen können. Dann üben Sie quasi zweigleisig: einmal in den dafür vorgesehen Zeiten und einmal in erinnernder Form, während Sie Ihren alltäglichen Aktivitäten nachgehen. Dadurch erhöhen Sie die Wahrscheinlichkeit, dass Sie in den betreffenden Situationen auch wirklich anwenden, was Sie auf Ihren inneren Reisen erkannt haben.

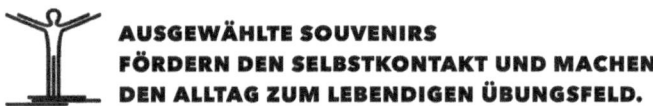 **AUSGEWÄHLTE SOUVENIRS FÖRDERN DEN SELBSTKONTAKT UND MACHEN DEN ALLTAG ZUM LEBENDIGEN ÜBUNGSFELD.**

Sofern Sie diese Methode nutzen möchten, tun Sie sich selbst einen Gefallen, indem Sie sich nicht mit Souvenirs überfrachten. Nicht überall, wohin Sie sehen, muss ein Merkposten bereitstehen. Hier gilt: Weniger ist mehr. Außerdem braucht es noch genügend Raum, damit auch neue Erkenntnisse ihren Platz finden können. Lassen Sie Ihr Reisegepäck nicht zu schwer werden, sonst engt es Sie ein und beeinträchtigt neue Prozesse. Nehmen Sie von Etappe zu Etappe nur das Nötigste – die Essenz Ihrer bisherigen Reise – mit auf Ihre weiteren *WEGE ZUM ICH*.

Der nun folgende Teil II hält zwölf Angebote zur Innenschau für Sie bereit. Durch Bilder und Inspirationstexte eröffnen diese Angebote Ihnen verschiedene Zugangsmöglichkeiten zu Ihrer inneren Landschaft.

> **SELBSTERINNERUNG**
> Souvenirs von inneren Reisen erinnern mich im Alltag an meine Einsichten und unterstützen mich dabei, sie umzusetzen.

ZUSAMMENFASSUNG UND ÜBUNG

SELBSTERINNERUNG 1: Meine Seele kommuniziert mit mir, indem sie innere Erlebniswelten erschafft und mich einlädt, in sie einzutauchen.

SELBSTERINNERUNG 2: Jede losgelassene Erwartung ist eine Chance für mein persönliches Wachstum, weil ich offener werde, um zu empfangen.

SELBSTERINNERUNG 3: Eine passgenaue Übungspraxis ist mein Zugang nach innen und stärkt mich, stimmig und selbstkompetent zu leben.

SELBSTERINNERUNG 4: Souvenirs von inneren Reisen erinnern mich im Alltag an meine Einsichten und unterstützen mich dabei, sie umzusetzen.

ÜBUNG: SOUVENIRS ÜBERPRÜFEN

Gehen Sie langsam und bewusst durch Ihre Wohnräume und nehmen Sie Ihre Umgebung wahr. Welche Erinnerungen kommen Ihnen beim Anblick des Gegenstands auf Ihrer Fensterbank? Gibt es eine Geschichte zum Kauf Ihres Sofas? Welche Situationen verbinden Sie mit Ihrem Küchentisch? Machen Sie sich bewusst, dass alles, womit Sie sich umgeben, mit mehr oder weniger starken Erinnerungen behaftet ist. Manche von ihnen stärken Sie, andere schwächen. Die Wahl liegt bei Ihnen: Welche dieser Souvenirs aus vergangenen Zeiten sollen bleiben und welche haben ausgedient? Überprüfen Sie von Zeit zu Zeit nicht nur Ihre Wohnräume, sondern auch Ihre Gewohnheiten, Beziehungen etc. daraufhin, was Ihnen (noch) guttut und was nicht. Wenn Sie feststellen, dass sich Negativität eingeschlichen hat, finden Sie Wege, um sie wieder zu verabschieden. Dadurch bringen Sie mehr und mehr Freude in Ihr Leben.

TEIL II ▶

ANGEBOTE
ZUR INNENSCHAU

4 | NACH INNEN GEHEN

IHRE REISEN NACH INNEN SOLLEN nicht nur gelingen, sondern auch Vergnügen bereiten und Sie manches entdecken lassen, das für Ihr persönliches Leben bedeutsam ist. Finden Sie dafür Ihre ganz persönliche Haltung zwischen Leidenschaft und Disziplin, zwischen freudvoller Leichtigkeit und konstruktiver Bewältigung von Hürden, zwischen beherztem Voranschreiten und Achtsamkeit für Zwischentöne. Lassen Sie sich auch von Ihrem inneren Ratgeber auf die Spuren Ihrer eigenen Lebensthemen bringen.

LEBENSTHEMEN BEGEGNEN

DIE ZWÖLF ANGEBOTE ZUR INNENSCHAU zeichnen sich allesamt dadurch aus, dass sie Sie durch Bilder und Inspirationstexte an Themen heranführen können, die für Sie bedeutsam
sind. Jedes einzelne Angebot hat das Potenzial, Sie genau dort
abzuholen, wo Sie derzeit stehen. Sie können sich entweder
von der bereits bestehenden Reihenfolge thematisch leiten lassen oder Sie wählen jeweils dasjenige Angebot aus, von dem
Sie sich für Ihre nächste Innenschau besonders angesprochen
fühlen.

Alle Bilder und Inspirationstexte bieten Ihnen also so viel
Offenheit, dass Sie für Ihre momentane Sicht auf die Dinge
Anknüpfungspunkte finden können. Darüber hinaus laden die
jeweiligen Angebote Sie auch dazu ein, sich mit grundlegenden
Aspekten des Menschseins zu befassen. Diese Stoßrichtungen
sind Anregungen, die Sie nach eigenen Wünschen nutzen oder
außer Acht lassen können.

Folgende Übersicht über die thematischen Anregungen
der einzelnen Angebote zur Innenschau erleichtert es Ihnen,
sich zu orientieren:

> **WEISHEIT**
> **Anregung:** *Dankbarkeit* als Lebenshaltung üben, die den
> Kreislauf aus Geben und Empfangen ehrt. Die *Fülle* des Le-
> bens auch im eigenen Körper entdecken und würdigen.

LEBENSORDNUNG

Anregung: Den Gedanken zulassen, dass alles einer sinnvollen Ordnung folgt, und innere *Gelassenheit* entwickeln. Durch diese Perspektive das Leben als *Gnade* erfahren.

HERZENSKRAFT

Anregung: *Vergebung* praktizieren, um Urteile über sich selbst, andere und das Leben abzulegen. Dadurch *Güte* entwickeln und sich aus Fesseln der Vergangenheit befreien.

DIE STURMSTILLUNG

Anregung: In Herausforderungen des Lebens *Verantwortung* für eigenes Denken und Handeln übernehmen. Dadurch *Vertrauen* in sich selbst und das Leben vertiefen.

TEIL II

ICH SEHE DICH

Anregung: Sich für *Heilung* öffnen, indem die Facetten der eigenen Persönlichkeit angesehen werden. Alles als Bestandteil der individuellen *Ganzheit* vollends annehmen.

LEBENSENERGIE

Anregung: Auf individuelle Gaben aufmerksam werden und dem inneren Ruf folgen, eigene *Potenziale* anzunehmen und zu entfalten. Dadurch *Freude* im Leben vertiefen.

DIE TORHEIT DES KREUZES

Anregung: Ängste überwinden und persönliche *Kraft* durch den inneren Rebellen entfachen. Sich zu ungewöhnlichem Tun im Namen bedingungsloser *Liebe* aufmachen.

FREIHEIT
Anregung: Öfter *Authentizität* in den »kleinen« Momenten des Alltags zeigen. Darin Übungsfelder für mehr persönliche *Freiheit* entdecken und diese als Chancen nutzen.

MEIN SEELENFELD
Anregung: Im eigenen Inneren *Geborgenheit* finden, um sich fest in sich selbst zu gründen. Dadurch zwischen inneren und äußeren Lebensaspekten mehr *Harmonie* schaffen.

AM OSTERMORGEN
Anregung: Mit *Ruhe* im gegenwärtigen Moment präsent sein und dadurch zu innerem *Frieden* gelangen, der sich als Beitrag zum Frieden in der äußeren Welt manifestiert.

EINFACHE WEIHNACHT
Anregung: Tiefere *Erkenntnis* über das Menschsein anbahnen. Dadurch die eigene *Entfaltung* als würdevolles Wesen zwischen Himmel und Erde tatkräftig mitgestalten.

DIE GÖTTLICHE ORDNUNG DES LEBENS
Anregung: Durch *Spiritualität* das eigene Verhältnis zu Gott – dem Leben – bewusst anschauen und reflektieren. Der eigenen *Verbundenheit* mit allem Sein nachspüren.

Die Auswahl eines Angebots zur Innenschau ergibt sich aus dem Gesamtverlauf Ihrer Übungspraxis. Solange Ihnen keine dringenden Lebensthemen obenauf liegen oder ein bestimmtes Angebot Sie besonders anspricht, bietet es sich an, der Reihenfolge nach vorzugehen. Ob Sie mit einem Bild oder Inspirationstext einmal oder mehrfach aufeinanderfolgend in die Innenschau gehen, bleibt Ihnen überlassen. Sie werden erspüren, wann es Zeit ist, zum nächsten überzugehen.

Die obenstehende Übersicht ist hilfreich, wenn Sie nicht mehr chronologisch vorgehen, sondern die Angebote mit einem bestimmten Interesse nutzen möchten. Das kann beispielsweise dann der Fall sein, wenn Ihr innerer Ratgeber Sie innerhalb oder abseits der Innenschau auf ein bestimmtes Thema hinweist, an dem Sie dranbleiben möchten. In diesem Fall können Sie hier nachschauen, ob Ihnen eines der Angebote besonders passend erscheint, um Ihre weiteren Schritte auf Ihren WEGEN ZUM ICH zu begleiten.

Unabhängig davon, ob Sie chronologisch vorgehen oder sich durch Ihre eigenen Themen leiten lassen, ist es wahrscheinlich, dass die Erfahrungen unterschiedlich tief sein werden. Manche Angebote zur Innenschau werden Sie mehr berühren und Sie tiefer nach innen führen als andere. Das hat damit zu tun, dass Sie einige Bilder und Inspirationstexte auf Anhieb stärker ansprechen werden als andere. Je mehr Sie in Resonanz mit den verschiedenen Zugängen gehen, desto eher können diese im Zusammenspiel mit Ihnen lebendig werden. Dann spannen sie individuelle Räume für Ihren Selbstkontakt auf, in denen auch Ihre Lebensthemen zum Tragen kommen. Insgesamt werden Sie umso stärker von diesem Teil der Landkarte profitieren, wenn Sie sich darauf einlassen, aufmerksam und möglichst ohne Erwartungen zu empfangen, was sich zeigt.

**OFFEN UND EMPFÄNGLICH
IN DIE INNENSCHAU ZU GEHEN,
KANN NEUE ERKENNTNISSE
ZU LEBENSTHEMEN BRINGEN.**

Ohne Erwartungen zu sein *und* die eigenen persönlichen Themen mit in die Innenschau zu nehmen, scheint sich erst einmal gegenseitig auszuschließen. Hierin kommt das bereits angedachte Paradox von Absicht und Absichtslosigkeit zum Ausdruck.[10] Einerseits können Sie die Absicht verfolgen, Ihren Lebensthemen durch die Innenschau nachzuspüren. Andererseits wird diese Absicht umso kraftvoller wirken, wenn es Ihnen gelingt, Offenheit für Ihre innere Weisheit zu bewahren. *Ihre* Themen erhalten mit den Übungszeiten einen festen Rahmen, sodass Sie ihnen auf einer tieferen Ebene begegnen, als wenn Sie ausschließlich darüber nachdenken. Während Sie sich nach innen wenden, können sich durch Ihren starken Selbstkontakt neue Erkenntnisse zeigen, die Ihnen sonst verborgen geblieben wären.

Hinter emotional aufwühlenden Themen beispielsweise steht oft etwas anderes als zunächst angenommen. In der Wut darüber, dass der eingangsnahe Dienstparkplatz an den Kollegen vergeben wurde, drückt sich vielleicht eine grundsätzliche Traurigkeit über fehlende Wertschätzung am Arbeitsplatz aus. Diese Traurigkeit wiederum könnte auf einer bereits lang bestehenden Unzufriedenheit basieren, die darauf hindeutet, die eigenen Fähigkeiten nicht umfassend genug im Unterneh-

---

[10] In Kap. »ERWARTUNGEN«, S.71.

men einsetzen zu können. Dadurch stellt sich die Frage, wie dem Wunsch, die persönlichen Potenziale stärker ausleben zu wollen, ab jetzt Rechnung getragen werden kann. Wenn es schließlich darum geht, entsprechende Entscheidungen zu treffen, kann der innere Ratgeber hilfreiche Impulse geben.

In der Stille solchen Pfaden zu folgen und Schicht für Schicht tiefer zu gehen, gibt Ihnen also die Möglichkeit, an die Ursachen für bestimmte Emotionen, Gedanken und Handlungen heranzukommen, statt nur die Symptome zu sehen. Dadurch können Sie mit neu gewonnener Klarheit darauf zugehen und effektive Lösungen finden, die an die Wurzeln der Themen gehen. Mit dieser neuen Sicht auf die Dinge lassen sich Chancen nutzen, um tatsächliche Veränderungen in Ihrem inneren Erleben und in der Folge auch in Ihrem äußeren Leben anzubahnen.

Wenn Sie bereit sind, sich auf Ihre Lebensthemen einzulassen, wird es neben freudvollen Momenten auch herausfordernde geben. Lassen Sie sich von Widerständen nicht zu Fall bringen, sondern machen Sie Verbündete aus ihnen.

> **SELBSTERINNERUNG**
> Ich kann meine Lebensthemen in die Innenschau mitnehmen, sie tiefer anschauen und sie konstruktiv bearbeiten.

DURCH WIDERSTÄNDE HINDURCH

PERSÖNLICHES WACHSTUM setzt zumeist voraus, Hürden zu nehmen. Menschen, die in irgendeinem Bereich Meisterschaft erlangt haben, sahen sich in den meisten Fällen früher oder später mit Widerständen konfrontiert. Auf ihrem persönlichen Weg zur Meisterschaft hatten sie Krisen zu bewältigen. Nicht *trotz* solcher Herausforderungen, vor die sie das Leben stellte, sind sie in ihrem Feld erfolgreich geworden, sondern gerade *wegen* dieser Schwierigkeiten. Sie sind zu Meistern des Lebens herangereift, weil Sie Schritt für Schritt weitergegangen sind, statt aufzugeben.

**MEISTER DES LEBENS
NUTZEN WIDERSTÄNDE ALS CHANCEN
FÜR IHRE EIGENEN ZWECKE.**

Reife »passiert« nicht einfach so von heute auf morgen. Reife ist ein Prozess und wir haben unseren Anteil daran, inwieweit dieser Prozess in unserem Leben fortschreitet. Reife steht nicht am Anfang eines Weges, sondern sie ist das Ergebnis. Sie steht am Ende einer Zeit aus Höhen und Tiefen, Freud und Leid, Suchen und Finden. Diese Zeit gilt es vollumfänglich auszukosten, damit wir im Moment unseres physischen Todes sagen können: Ich habe alles gegeben. Ich habe mich voll und ganz dem Abenteuer Leben hingegeben und bin alle Wege gegangen, die ich bis hierher gehen wollte.

Ängste, Unsicherheiten, Rückschläge, Schmerz und Leid gehören zur Intensität des Lebens dazu. *Und* es gehört dazu, nicht bei ihnen zu verweilen. Sie gilt es zu bearbeiten, bis sie schließlich keine Macht mehr haben, um sie dann friedvoll hinter sich zu lassen und frei weiterzugehen.

»Probleme« sind nur so lange Teil von Lebenswelten, bis sie es irgendwann nicht mehr sind. Es geht also keinesfalls darum, nun eifrig nach Schwierigkeiten zu suchen, wo keine sind. Auch ist es wenig sinnvoll, Kleinigkeiten zu dramatisieren. Vielmehr darf zunehmend der Chancenreichtum entdeckt werden, der in »Problemen« verborgen liegt. Auf diese Weise verlassen sie nach und nach die eigene Lebenswelt, weil sie zu Gelegenheiten werden, um aktiv zu sein und Neues entstehen zu lassen.

HINDERNISSE SIND KEINE DAUERZUSTÄNDE, SONDERN GELEGENHEITEN FÜR VERÄNDERUNGEN.

Seien Sie einfach wachsam und beobachten Sie mit einer offenen, einladenden Haltung, welche Widerstände sich Ihnen zeigen, wenn Sie nach innen gehen. Es hat seinen Grund, dass Ihnen auch diejenigen Lebensthemen begegnen, die Sie herausfordern. Vielleicht machen diese Sie auf Bereiche Ihres Lebens aufmerksam, die leblos geworden sind, weil Sie Ihre Träume und Visionen aufgegeben haben. Vielleicht weisen sie Sie durch aufsteigende Sorge und Stressmomente auch auf Faktoren hin, die Sie immer wieder aus dem Gleichgewicht bringen.

Wenn es in einem Lebensbereich etwas für Sie zu bearbeiten gibt, dann werden Sie auf Ihren WEGEN ZUM ICH darauf zukommen. Zur passenden Zeit – in der Innenschau oder in Alltagssituationen – zeigen sich dann Widerstände. Diese deuten darauf hin, dass etwas in Ihrem Leben nicht (mehr) stimmig ist und verändert werden will. Heißen Sie solche Anzeichen als Chancen für Veränderungen in Ihrem Fühlen, Denken und Handeln willkommen, indem Sie sich die Herausforderung direkt zur Übungsaufgabe machen.

Angenommen, Sie hätten tatsächlich einen Zettel mit der Aufschrift »Ich kann *jetzt* wählen, gelassen zu reagieren!« auf Ihrem Lenkrad befestigt. Dieses Souvenir aus einer Innenschau erinnert Sie genau in dem Moment, in dem Sie in einen Stau geraten, an Ihr Vorhaben, sich in Gelassenheit zu üben. Dieses »Alltagsproblem« lässt sich nun als eine wunderbare Gelegenheit nutzen, um in der gewonnenen Zeit vielleicht einige bewusste Atemzüge zu machen und sich dadurch wieder kraftvoll mit sich selbst zu verbinden. Sie können auch einfach mit den anderen Mitfahrern im Auto Spaß haben, indem Sie sich mit den Buchstaben und Zahlen der Nummernschilder um Sie herum ein Spiel ausdenken. Vielleicht geht es so lange nicht voran, dass Sie sogar aussteigen. Dann genießen Sie die seltene Situation, auf der Autobahn spazieren gehen zu können. Außerdem lernen Sie vielleicht eine Person kennen, die Sie ohne diesen Stau möglicherweise niemals getroffen hätten. Das wäre doch ein Grund zur Dankbarkeit für den Stau!

Neben solchen Alltäglichkeiten können Ereignisse wie Krankheit, Verlust der Arbeitsstelle oder das Ende einer wichtigen Beziehung zu tiefgreifenden Anlässen werden, um sich selbst neu auszurichten. Wer sich in einer solchen Situation nicht blind in etwas Neues stürzt, nur um seine Angst und seinen Schmerz nicht fühlen zu müssen, hat die Chance, einen wirklichen Neuanfang zu wagen. Vielleicht verbirgt sich in dieser Situation der Befreiungsschlag für einen Start ins Unbekannte, zu dem andernfalls der Mut gefehlt hätte. Jetzt erst nach innen zu gehen, um sich wirklich zu spüren und das eigene Wissen zu aktivieren, kann immens heilsam sein. Es können sich daraus Weisungen für die Zukunft ergeben, die die Weichen neu stellen und in eine Lebensphase einmünden, die von mehr Glück und Zufriedenheit gezeichnet ist, als vorstellbar gewesen wäre.

Ob kleinere oder größere Widerstände, es ist lohnenswert, Ihre persönlichen Hürden zu nehmen, die sich zeigen können, wenn Sie nach innen gehen. Sorgen Sie von Anfang an gut für sich, indem Sie Ihre Übungspraxis so gestalten, dass Sie diese darin unterstützt, Selbstverantwortung für Ihr persönliches Wachstum zu übernehmen.

TEIL II

Damit es Ihnen bestmöglich gelingt, Ihre (!) passgenaue Übungspraxis zu entwerfen, erhalten Sie nun die bereits erwähnten genaueren Hinweise dazu. Diese können Sie inspirieren, um Ihre weiteren Schritte sinnvoll zu planen.

SELBSTERINNERUNG
Widerstände können mir zu Chancen für mein persönliches Wachstum werden, wenn ich sie für meine Zwecke nutze.

INNENSCHAU PLANEN

WENN SIE ZEITEN DER INNENSCHAU im Rahmen Ihrer passgenauen Übungspraxis im Vorfeld gut planen, bestärken Sie Ihre eigenen Strukturen darin, kontinuierlich am Ball zu bleiben. Dadurch erhöht sich die Wahrscheinlichkeit, dass Innenschau zu einem festen Bestandteil Ihres Lebens wird und Sie auch im Alltag davon profitieren. Es wird Ihnen zunehmend schneller gelingen, einen Zugang nach innen zu finden und die in Ihnen aufsteigenden Erkenntnisse in die Tat umzusetzen.

Für die Planung Ihrer Innenschau sind insbesondere folgende Aspekte zu bedenken:

Vorhandene Übungspraxis

SOLLTEN SIE BEREITS EINE TÄGLICHE (spirituelle) Übungspraxis haben, dann geben Sie diese bitte keinesfalls unreflektiert auf. Überprüfen Sie stattdessen, inwiefern Sie die Begegnung mit Bildern und Inspirationstexten sinnvoll integrieren können. Auf diese Weise geht Ihnen nicht verloren, was sich schon für Sie bewährt hat und Sie nehmen etwas Neues hinzu, das Ihre Erfahrungen vertiefen und erweitern kann.

Zeitrahmen

INNENSCHAU IST *IHRE* ZEIT. Bestimmen Sie deshalb sinnvolle Zeitpunkte und Zeitfenster. Überlegen Sie, zu welcher

Tageszeit Sie sich Raum für Ihre Reisen nach innen nehmen möchten. Viele Menschen profitieren davon, sich diese Zeit direkt nach dem Aufstehen am Morgen zu nehmen. Dadurch sorgen sie einerseits für einen bewussten Start in den Tag und stellen sich auf das ein, was sie erwartet. Andererseits kann es bei späteren Zeitpunkten schneller passieren, dass das Alltagsgeschehen der Innenschau vorgezogen wird. Nach vollendetem Tagewerk kann Innenschau ebenfalls eine schöne Zäsur setzen. Als Abschluss am Abend lässt sie den Tag bewusst ausklingen und stimmt auf die Nacht ein.

Wie lang die Zeiten der Innenschau sind, hängt von Faktoren wie etwa Vorerfahrungen, Interesse, Lebensgestaltung und Tagesplanung ab. Menschen, die den Zugang nach innen gerade zu erforschen beginnen, möchten vielleicht mit kürzeren Zeiträumen von 10 oder 15 Minuten beginnen und die Phasen dann nach und nach bis auf 30 Minuten oder länger ausweiten.

Durch feste Zeitpunkte und Zeitfenster treffen Sie eine Vereinbarung mit sich selbst und vielleicht auch mit anderen. Personen Ihres nahen Umfelds dürfen wissen, dass Sie sich bestimmte Zeiten für sich selbst reserviert haben, in denen Sie nicht gestört werden möchten. *Ihren* Zeiten Priorität einzuräumen, gibt Ihnen und anderen das wesentliche Signal, dass Momente der inneren Einkehr ein wertvoller Bestandteil Ihres Lebens sind, um sich selbst von innen heraus zu stärken. Bleiben Sie in diesen Zeiten der Einkehr bei sich selbst. Sollte das Telefon klingeln, dann lassen Sie es klingen und kommen Sie dem freundlichen Kontaktversuch des Anrufenden zu einem späteren Zeitpunkt nach.

Umgebung

SCHAFFEN SIE SICH FÜR DIE ZEIT der Innenschau eine Umgebung, die Ihnen eine Rückzugsmöglichkeit bietet. Idealerweise geben es Ihre Wohnräume her, dass Sie einen kleinen Bereich für Momente der inneren Einkehr fest integrieren. Statten Sie diesen Bereich so aus, wie es Ihnen gut gefällt. Dazu gehört eine für Sie geeignete Sitzgelegenheit wie ein Stuhl, ein Hocker oder ein Meditationsbänkchen. Vielleicht nehmen Sie noch eine Matte, ein Kissen und eine Decke hinzu. Eine Ablagefläche erlaubt es Ihnen, die Bilder zur Innenschau gut sichtbar vor sich zu platzieren. Möglicherweise möchten Sie auch eine Kerze, Blumen oder ähnliches aufstellen. Gestalten Sie Ihre Umgebung schlicht und nur mit wenigen Accessoires, die für Sie bedeutsam sind. Dies ist *Ihre* Zone und Sie sollen sich hier wohl und geborgen fühlen. Wenn Sie einen solchen Bereich fest einrichten, dann können Sie zu jeder Zeit auch für sehr kurze Momente dorthin gehen, um sich zu zentrieren. Dieser Bereich kann selbst zu einem Souvenir werden, weil Sie an diesem Ort mit der Zeit einiges erleben, woran Sie sich sofort erinnern, wenn Ihr Blick beim Vorbeigehen darauf fällt.

Wenn Sie einen solchen Bereich nicht fest einrichten können oder möchten, lassen sich die Utensilien für Ihre Innenschau auch jedes Mal hervorholen und nach Ende der Zeit wieder, etwa in einer dafür vorgesehenen Kiste, verstauen. Der Auf- und Abbau kann zu einem Ritual werden, durch das Sie die Innenschau sowohl einleiten als auch beenden und sie durch die achtsame Platzierung Ihrer Gegenstände wertschätzen. Ob permanent eingerichtet oder bei

Bedarf arrangiert, Ihre Umgebung sollte es hergeben, dass Sie sich in einem geschützten Rahmen ungestört fühlen und vertrauensvoll einlassen können.

Haltung

WENN SIE VORERFAHRUNGEN ETWA MIT MEDITATION, Gebet oder Kontemplation haben, dann werden Sie vermutlich auch eine für Sie passende Körperhaltung kennen, die Sie für die Momente der Innenschau einnehmen können.

Gehören Sie zu denjenigen Personen, für die solche Zeiten der inneren Einkehr eher neu sind, dann möchten Sie vielleicht verschiedene Haltungen ausprobieren. In vielen Fällen ist es sinnvoll, die eigene Körperhaltung sehr bewusst einzunehmen und während der ganzen Zeit möglichst regungslos in ihr zu verweilen.

TEIL II

Setzen Sie sich beispielsweise auf einen Stuhl aufrecht hin, entweder leicht angelehnt oder ohne Unterstützung im Rücken. Achten Sie darauf, dass Ihr Oberkörper nicht in sich zusammensackt, sondern Sie durch eine stabile, aufrechte Körperhaltung einen freien Atemfluss gewährleisten. Sie können auch auf dem Boden im (halben) Lotossitz Platz nehmen. Ein Kissen oder ein Meditationsbänkchen kann Sie unterstützen. Auch eine liegende Position in Rückenlage auf einer Matte ist möglich, wobei manche Menschen in dieser Haltung einschlafen. Nehmen Sie besser keine zu bequeme Haltung ein, in der Sie Gefahr laufen, an Aufmerksamkeit zu verlieren. Probieren Sie aus, womit Sie sich kraftvoll, stabil, offen und zugleich geschützt fühlen.

Zu vielen Angeboten finden Sie unter der Überschrift »Innenschau« auch Anregungen, wie Sie sich für die jeweilige Zeit der inneren Einkehr positionieren können.

Aufzeichnungen

AUF IHREN INNEREN REISEN WERDEN SIE vielfältige Erfahrungen machen. Mit ihnen gehen Erkenntnisse, Impulse, Ideen und Vorhaben einher, die nicht nur im Moment selbst bedeutsam sein können, sondern auch für eine spätere Rückschau. Damit Ihre kostbaren Schätze mit der Zeit nicht wieder in die Tiefen des Unterbewussten versinken, können Sie sich Notizen machen. Ihre Aufzeichnungen geben Ihnen später Aufschluss darüber, woher Sie kommen und welche Wege Sie bisher schon gegangen sind. Außerdem bilden sie eine schriftliche Grundlage für Vorhaben, die Sie in die Tat umsetzen möchten.

Zu diesem Zweck können Sie sich ein Notizbuch zulegen, das Ihnen Freude bereitet und Sie immer wieder dazu einlädt, niederzuschreiben, was sich Ihnen gezeigt hat. Fassen Sie die Notizen so kurz oder so lang, wie es Ihnen entspricht. Wenn Sie das Büchlein griffbereit platzieren, kann es Ihnen zudem zu einem treuen Begleiter auch zwischen den Zeiten der Innenschau werden. Sobald Ihnen etwas in den Sinn kommt, das Sie festhalten möchten, findet es hier seinen Platz.

Darüber hinaus hält Teil III dieser Landkarte zu den einzelnen Angeboten zur Innenschau vertiefende thematische Anregungen für Sie bereit. Diese zielen darauf ab, dass Sie die Erkenntnisse, die Sie bis dahin gewonnen haben, auswerten und darauf aufbauend konkrete Handlungen planen können. In diesem Zusammenhang werden Ihre Aufzeichnungen Ihnen kostbare Anhaltspunkte bieten, um sich über Ihre persönlichen Übungsfelder klar zu werden.

Reflexion

DER GROSSE VORTEIL EINER GUT GEPLANTEN Übungspraxis besteht darin, sie sich mit der Zeit zu einer Gewohnheit werden zu lassen. Gewohnheitsmäßig vorzugehen, birgt allerdings zugleich die Gefahr in sich, die Übungspraxis weniger bewusst durchzuführen und unreflektiert Strukturen beizubehalten, die inzwischen ausgedient haben. Deswegen ist es sinnvoll, von Zeit zu Zeit zu überprüfen, ob das Format der Übungspraxis noch den bestmöglichen Rahmen für einen bewussten Kontakt mit sich selbst bietet oder ob Veränderungen angezeigt sind. Hier darf manches ausprobiert werden, um sich selbst darüber klar zu werden, was die aktuelle Übungspraxis passgenau macht.

ZEITEN DER INNENSCHAU SIND MOMENTE DER ZARTEN SELBSTBEGEGNUNG, DIE SICH ACHTSAM PLANEN LASSEN.

Wenn Sie die Zeiten für Innenschau im Voraus planen, bahnen Sie eine angemessene Balance zwischen dem Kontakt nach innen und der Aufmerksamkeit nach außen an.

Indem Sie die Innenschau sinnvoll in Ihrem Alltag integrieren, tragen Sie auch der Tatsache Rechnung, dass das Tagesgeschehen trotzdem Anforderungen an Sie stellt, die bewältigt werden wollen. Die Wohnung ist zu putzen, die Kinder freuen sich über eine Mahlzeit und Ihre Arbeitskraft wird gebraucht. Eine gut geplante Übungspraxis, die zur eigenen Lebensgestaltung passt, ist ein entscheidender Faktor, um mit mehr Bewusstheit von innen nach außen zu leben und daraus eine Haltung entstehen zu lassen.

Je nach Interesse und Lebenssituation können Sie sich selbst ein Format für die Innenschau entwerfen, das passgenau ist. Dazu stehen Ihnen mehrere Elemente zur Verfügung, die Sie nun kennenlernen.

> **SELBSTERINNERUNG**
> Mit einem würdevollen Rahmen für die Innenschau signalisiere ich, dass mir mein innerer Selbstkontakt wichtig ist.

ELEMENTE
FÜR ÜBUNGSFORMATE

DURCH DIE ÜBERSICHT DER THEMATISCHEN Anregungen in Kapitel LEBENSTHEMEN BEGEGNEN haben Sie bereits einen ersten Eindruck von den zwölf Angeboten zur Innenschau erhalten, die Sie nun zu Ihren inneren Reisen einladen. Alle Angebote sind immer gleich strukturiert, sodass Sie sich schnell zurechtfinden können. Jedes einzelne besteht aus sechs Elementen, die sich wunschgemäß zusammenstellen lassen. Das gibt Ihnen die Möglichkeit, daraus Ihre passgenaue Übungspraxis zu entwickeln. Der folgende Überblick zeigt Ihnen, was sich hinter den einzelnen Bestandteilen verbirgt, sodass Sie auswählen können, aus welchen Elementen Ihr Übungsformat bestehen soll.

TEIL II

Element 1: Titel (z. B. »Weisheit«)

DIE ÜBERSCHRIFT DES JEWEILIGEN ANGEBOTS zur Innenschau ist zugleich der Titel des Bildes, das Sie in Element 1 vorfinden. Das Bild ermöglicht es Ihnen, jenseits von Worten mit Ihrem Inneren in Kontakt zu kommen. Der Bildimpuls ist nicht dafür vorgesehen, ihn auf eine bestimmte Weise zu interpretieren. Vielmehr regt er dazu an, eigene Empfindungen und Gedanken, Bilder und Visionen, Ideen und Erkenntnisse im Inneren aufsteigen zu lassen. Die Bilder nutzen die »Sprache der Seele«. Sie führen Sie zu Ihrer inneren Landschaft und schaffen Räume für Ihr persönliches Erleben. An dieser Stelle ist das jeweilige Bild schwarz-weiß abgedruckt. Ganz hinten im Buch stehen Ihnen die Bilder zusätzlich als Farbversionen zur Verfügung, sodass Sie wählen können, welche Ausführung Sie bevorzugen.

Element 2: Einstimmung

DAS ELEMENT 2 BIETET IHNEN einen kurzen einleitenden Text an, der Sie thematisch auf das entsprechende Angebot zur Innenschau einstimmt. Hier werden diejenigen Anregungen aufgenommen und vertieft, die Sie bereits aus der Themenübersicht in Kapitel LEBENSTHEMEN BEGEGNEN kennen.

Element 3: Fragespuren

MIT JEWEILS DREI FRAGEN LÄDT ELEMENT 3 Sie dazu ein, sich auf Ihre bisherigen Erfahrungen mit dem Leitthema zu besinnen und zu erforschen, wodurch sich Ihre momentane Sicht darauf auszeichnet. Es sind Spuren, denen Sie folgen können, um der Verbindung zwischen den thematischen Anregungen und Ihrem persönlichen Leben nachzuspüren.

Wenn Sie für Ihre Antworten Klebezettel verwenden, können Sie diese bei Bedarf entnehmen und sie für unterschiedliche Zwecke nutzen. Möchten Sie den Fragespuren zu einem späteren Zeitpunkt erneut folgen, lassen sich die Zettel austauschen, ohne dass Ihre früheren Gedanken verlorengehen. Es kann aufschlussreich sein, wahrzunehmen, wie sich Perspektiven ändern.

Element 4: Inspirationstext

ELEMENT 4 HÄLT MIT EINEM INSPIRATIONSTEXT einen weiteren Zugang zur inneren Landschaft bereit. Als Kommunikationsangebote für die Seele sind diese Texte Sinnbilder und Metaphern, die berühren und tiefe innere Verstehensprozesse in Gang setzen können. Sollten Sie hier auf Unverständliches treffen, dann möchten Sie es vielleicht genauso halten wie in der »Sache mit Gott«: Nutzen Sie es als Wetzstein und ergründen Sie, welcher Nutzen hinter dem Offensichtlichen für Sie persönlich verborgen liegt.

Element 5: Innenschau

ANREGUNGEN ZUR DURCHFÜHRUNG der Innenschau finden Sie in Element 5. Dieses Element richtet die innere Einkehr passend auf die thematischen Anregungen hin aus und gibt Ihnen ganz praktische Hinweise, etwa zu Körperhaltung oder auch dazu, wie Sie Ihre Aufmerksamkeit während der Zeit mit sich selbst fokussieren können.

Element 6: Zusammenfassung

ELEMENT 6 BILDET DEN ABSCHLUSS des jeweiligen Angebots zur Innenschau. Hier finden Sie einen kurzen Text vor, der die thematischen Überlegungen bündelt und Ihnen die Möglichkeit gibt, diese mit Ihren eigenen Erlebnissen aus der Innenschau zu ergänzen. Den Ertrag können Sie dann in eigenen Notizen zusammenfassen. Das Element endet mit drei themenspezifischen Fragen, die Sie zum weiteren Nachdenken einladen.

An dieser Stelle bietet es sich auch an, festzulegen, inwieweit bestimmte Erkenntnisse aus der Innenschau zu konkreten Handlungen im Alltag führen sollen. Für diese Klärung können Sie sich noch zusätzlich folgende drei allgemeine Fragen stellen:

> ▸ Welcher Impuls ist wichtig für meine *Lebensführung*?
> ▸ Welche *Souvenirs* erinnern an meine Erkenntnisse?
> ▸ Wie nutze ich den Ertrag meiner Innenschau *jetzt*?

-Sätze

IN DEM NUN FOLGENDEN TEIL DIESER LANDKARTE finden Sie keine in bekannter Weise hervorgehobenen Sätze mehr vor. Das gibt Ihnen die Möglichkeit, selbst Textteile auszuwählen, die Ihnen bedeutsam erscheinen und Sie inspirieren. Vielleicht markieren Sie sie oder Sie schreiben sie in Ihr Notizbuch, um sie sich präsent zu halten. Noch effektiver könnte es sein, wenn Sie Ihre eigenen Merksätze und Selbsterinnerungen formulieren.

Gemeinsam mit allen Gedanken, Impulsen, Anregungen, Selbsterinnerungen und Übungen, die Sie bisher erhalten haben, statten Sie die vorgestellten Elemente bestens dafür aus, Ihre passgenaue Übungspraxis nun zu entwerfen. Setzen Sie die Elemente für die Zeiten der Innenschau so zusammen, wie es Ihnen sinnvoll erscheint. Wenn Sie Unterschiedliches ausprobieren, entwickeln Sie ein gutes Gespür dafür, welches Format am besten zu Ihnen passt. Als Anregung stelle ich Ihnen im Folgenden noch einige Beispielformate vor. Diese können als Inspiration für Ihr eigenes Innenschauformat dienen.

EINSTIEGSFORMAT

SCHRITT 1 (Element 1 »Titel«): Lassen Sie Ihren Blick 5 Minuten über das Bild schweifen. Was zieht Ihre Aufmerksamkeit besonders an? Machen Sie sich einige Notizen.

Alternativ dazu:

SCHRITT 1 (Element 4 »Inspirationstext«): Lesen Sie den Text und schließen Sie dann einen Moment Ihre Augen. Notieren Sie anschließend, was Ihnen in den Sinn gekommen ist.

SCHRITT 2 (Element 5 »Innenschau«): Lesen Sie die praktischen Durchführungshinweise und gehen Sie für 10–15 Minuten nach innen. Machen Sie sich direkt danach Notizen.

TEIL II

VERTIEFUNGSFORMAT

SCHRITT 1 (Element 1 »Titel«): Lassen Sie Ihren Blick 5 Minuten über das Bild schweifen. Was zieht Ihre Aufmerksamkeit besonders an? Machen Sie sich einige Notizen.

SCHRITT 2 (Element 2 »Einstimmung«): Lesen Sie den einleitenden Text zu dem ausgewählten Angebot zur Innenschau und nehmen Sie wahr, was dazu in Ihnen aufsteigt.

SCHRITT 3 (Element 4 »Inspirationstext«): Lesen Sie den Text und schließen Sie dann einen Moment Ihre Augen. Notieren Sie anschließend, was Ihnen in den Sinn gekommen ist.

SCHRITT 4 (Element 5 »Innenschau«): Lesen Sie die praktischen Durchführungshinweise und gehen Sie für 20 Minuten nach innen. Machen Sie sich direkt danach Notizen.

INTENSIVFORMAT

SCHRITT 1 (Element 1 »Titel«): Lassen Sie Ihren Blick 5 Minuten über das Bild schweifen. Was zieht Ihre Aufmerksamkeit besonders an? Machen Sie sich einige Notizen.

SCHRITT 2 (Element 2 »Einstimmung«): Lesen Sie den einleitenden Text zu dem ausgewählten Angebot zur Innenschau und nehmen Sie wahr, was dazu in Ihnen aufsteigt.

SCHRITT 3 (Element 3 »Fragespuren«): Sehen Sie sich die Fragen an und spüren Sie nach, wo sich Verbindungen zu Ihrem Leben zeigen. Beantworten Sie die Fragen schriftlich.

SCHRITT 4 (Element 4 »Inspirationstext«): Lesen Sie den Text und schließen Sie dann einen Moment Ihre Augen. Notieren Sie anschließend, was Ihnen in den Sinn gekommen ist.

SCHRITT 5 (Element 5 »Innenschau«): Lesen Sie die praktischen Durchführungshinweise und gehen Sie für 30 Minuten nach innen. Machen Sie sich direkt danach Notizen.

SCHRITT 6 (Element 5 »Zusammenfassung«): Lesen Sie den Text, beantworten Sie die themenspezifischen und allgemeinen Fragen und fassen Sie alles schriftlich zusammen.

Wie die vorgestellten Beispielformate zeigen, haben Sie die Möglichkeit, unterschiedlich lang und tief einzusteigen. Alle Angebote zur Innenschau lassen sich dadurch jederzeit an Ihre Lebenssituation anpassen.

Jenseits eines Übungsformats eignen sich die Bilder und Inspirationstexte auch dazu, Momente der Entspannung noch zu verschönern. In Zeiten der Muße können Ihnen die Inspirationstexte zu einer angenehmen Gesellschaft werden, die Sie mal erheitern und überraschen, mal bewegen oder nachdenklich stimmen. Mit den Bildern können Sie in fantasievolle Welten aus Formen und Farben eintauchen, die Seele baumeln lassen und in Tagträumen schwelgen.

Ob innerhalb Ihrer Übungspraxis oder zu anderen Zeiten, die Bilder und Inspirationstexte werden Sie liebevoll an die Hand nehmen und Sie dorthin führen, wo es *jetzt* etwas für Sie zu entdecken gibt. Sie sind wie gute Bekannte und Freunde, mit denen Sie unterschiedlich viel Zeit verbringen und sich über verschiedene Aspekte Ihres Lebens austauschen. Sie werden Ihnen öfter begegnen können, ohne sich zu langweilen. Gehen Sie nun mit Freude auf sie zu!

TEIL II

> **SELBSTERINNERUNG**
> Ich kann Innenschau in meinen Alltag integrieren, indem ich mir ein für mich angemessenes Format zusammenstelle.

ZUSAMMENFASSUNG UND ÜBUNG

SELBSTERINNERUNG 1: Ich kann meine Lebensthemen in die Innenschau mitnehmen, sie tiefer anschauen und sie konstruktiv bearbeiten.

SELBSTERINNERUNG 2: Widerstände können mir zu Chancen für mein persönliches Wachstum werden, wenn ich sie für meine Zwecke nutze.

SELBSTERINNERUNG 3: Mit einem würdevollen Rahmen für die Innenschau signalisiere ich, dass mir mein innerer Selbstkontakt wichtig ist.

SELBSTERINNERUNG 4: Ich kann Innenschau in meinen Alltag integrieren, indem ich mir ein für mich angemessenes Format zusammenstelle.

ÜBUNG: ÜBUNGSFORMAT ENTWERFEN

Stellen Sie sich einen Apfel vor. Manche Menschen beißen direkt herzhaft hinein, während andere ihn zuerst in Stücke schneiden. Wieder andere entfernen die Schale, kochen das Obst oder verzichten ganz darauf. Ähnlich ist es mit Ihrem »Übungsgenuss«. Prüfen Sie, was Ihnen schmeckt und bekommt. Verzichten Sie auf alles, was Ihnen »schwer im Magen« liegt. Legen Sie ein schönes Notizbuch an, in dem Sie Ihre Erkenntnisse dokumentieren. Halten Sie alles fest, was Ihnen nützlich erscheint, auch um Ihre Übungspraxis fortwährend zu reflektieren und anzupassen. Planen Sie nun, wie der Rahmen für Ihre Innenschau aussehen soll, indem Sie zuallererst über den Zeitrahmen und die Umgebung entscheiden. Entwerfen Sie dann ein Übungsformat, das zu Ihrer momentanen Lebenssituation passt, indem Sie sich die einzelnen Elemente noch einmal vergegenwärtigen und sie nach Ihren Wünschen zusammenstellen.

5 | »WEISHEIT«

EINSTIMMUNG

DER KÖRPER IST EIN FASZINIERENDES UNIVERSUM, in dem eine exakte Ordnung vorherrscht. Als ein sich selbst regulierendes System passt er sich den Gegebenheiten an. Der Körper befähigt zu Leistungen, die kaum für möglich gehalten werden. Dabei will er nicht aus sich selbst heraus bedeutsam sein. Er kennt seine Aufgabe gut: Er ist ein Werkzeug der Lebensintelligenz, das seinen Dienst tut. Nicht mehr und nicht weniger.

Der Körper befähigt den Menschen dazu, tagein, tagaus in dieser Welt zu sein und einen Beitrag zu leisten. Dabei kommt es nicht selten vor, dass der menschliche Geist seinen treuen Diener missachtet. Durch das, was er tut und unterlässt, erschwert er es seinem Gefährten, seine Arbeit zu tun. Trotzdem schlägt das Herz und strömt der Atem. Trotzdem verarbeitet das Gehirn in jedem einzelnen Augenblick unzählige, hochkomplexe Informationen.

Der Körper ist ein Geschenk an den Menschen, damit dieser seine Erfahrungen machen kann. Aus der Fülle des Lebens ist dieses Wunderwerk geboren und hat sich auf einmalige Weise geformt. Wer sich darüber bewusst wird, dass er in jedem Augenblick von diesem unverdienten Geschenk profitiert, wird sich in DANKBARKEIT verneigen. Er wird es nicht länger für selbstverständlich halten, so beschenkt zu sein. Er wird das Geschenk dankbar annehmen und sich mit ihm in den unendlichen Kreislauf von Geben und Empfangen einreihen. Aus der Dankbarkeit für die scheinbaren Selbstverständlichkeiten des Lebens wird Großzügigkeit. Denn wer einmal verstanden hat, dass die Fülle, aus der auch sein eigenes Leben hervorgegangen ist, ein Prinzip des Lebens ist, lässt dieses auch für sich gelten, indem er großzügig gibt, weil er großzügig empfängt.

FRAGESPUREN

DER KÖRPER IST NICHT NUR DIENER, sondern auch Lehrer. Ihn achtsam zu spüren, lehrt Ehrfurcht vor der unbegreiflichen Fülle des Lebens. Aus ihr gehen alle Lebensformen hervor und durch sie werden sie erhalten. Sich mit diesem Wunder zu befassen, schult in Dankbarkeit. Fragen Sie sich:

> ▶ Was kommt mir in den Sinn, wenn ich an meinen Körper denke und stärkt oder schwächt es mich?
>
> ▶ Welche Erfolge habe ich in meinem bisherigen Leben feiern dürfen, weil mein Körper es ermöglicht hat?
>
> ▶ Wann war ich das letzte Mal dankbar für meinen Körper und habe »Selbstverständliches« geschätzt?

TEIL II

INSPIRATIONSTEXT

»HALLO, ICH BIN EIN NEULING. Du siehst aus, als wärst du schon länger hier.« Die alte Zelle lachte: »Oh ja, meine Zeit an diesem Ort ist bald beendet.« – »Das tut mir leid«, sagte die junge Zelle. »Nein, nein, es gibt nichts, was dir oder mir leidtun müsste. Alles hat seine Zeit, auch mein Leben. Und wenn ich gehe, dann endet es einfach nur in dieser Form. Es hatte seine Spanne und es beginnt etwas Neues, dessen Zeit dann gekommen ist. Mein Ableben wird ein Grund zur Freude sein, aber noch ist es ja nicht so weit.«

»Was kannst du mich lehren, damit ich meine Arbeit in diesem Körper gut machen kann?« – »Es gibt drei wesentliche Dinge, die ich dir mitgeben möchte«, antwortete die erfahrene Zelle: »Das Erste, was deine gute Arbeit auszeichnet, ist der GLAUBE. Glaube daran, dass in dir alle Kraft, alles Wissen und alles Können liegen, die du brauchst, damit der Mensch, für dessen Wohlergehen du arbeitest, sein volles Potenzial entfalten kann. Lass nicht zu, dass etwas diesen Glauben schwächt.«

»Was könnte diesen Glauben denn schwächen?«, fragte der Neuling nach. – »Die meisten Menschen glauben nicht daran, dass in ihnen selbst alle Weisheit verborgen liegt, die sie jemals brauchen werden. Oft verbringen sie Stunden, Tage, Monate, Jahre, manchmal sogar ihr ganzes Leben damit, sich einzureden, sie seien nicht gut genug. Sie erzählen sich, dass sie im Mangel leben und dass sie selbst nicht die Kraft haben, um die Fülle des Lebens zu erschaffen. Oft denken sie auch, sie hätten den natürlichen Überfluss an Schönheit, Kraft, Liebe, ja an allem Großartigen gar nicht verdient. Sie ahnen nicht, dass sie sich immer weiter schwächen, wenn sie sich und uns so etwas einzureden versuchen. Kleine Zelle, du wirst alles hören, was der Mensch denkt oder sagt, und du wirst viel Kraft aufwenden müssen, um dir deinen Glauben daran zu bewahren, dass tatsächlich alle Weisheit in dir ist und dass der Mensch irrt, wenn er sich und dir die natürliche Vollkommenheit aberkennt.«

»Aber wenn der Mensch sich sein ganzes Leben lang erzählt, wie schlecht er ist und dass er es nicht verdient hat, ein Leben in der Fülle zu leben, warum sollte ich dann überhaupt dafür sorgen, dass er weiter in seinem Körper leben kann? Er weiß es doch ohnehin nicht zu schätzen?« Noch während die kleine Zelle ihre Frage stellte, fühlte sie, wie eine Welle der Leichtigkeit sie durchzog. »Hast du das auch gefühlt?«, fragte sie die alte Zelle.

»Ja«, sagte diese. »Das ist die Antwort auf deine Frage. So ein Moment, wie du ihn jetzt gerade erlebst, zeigt dir, wie wichtig die Hoffnung ist. Gerade in diesem Moment hat sich der Mensch gefreut, weil er ein Geschenk erhalten hat.«

»Oh, er hat sich sicher über diesen Atemzug gefreut.« – »Nein, es war nicht sein Atemzug, der ihn in Entzücken versetzt hat.« – »Dann wird es wohl der Herzschlag gewesen sein.« – Die alte Zelle lachte: »Nein, an seinen Herzschlag hat der Mensch ganz gewiss nicht gedacht. Ein anderer hat ihm gerade ein Geschenk überreicht und darüber hat er sich so sehr gefreut, dass du es spüren konntest.« – »Aber welches Geschenk könnte denn kostbarer sein als ein Atemzug oder ein Herzschlag?«

»Weißt du, kleine Zelle, hier ist das Zweite, was ich dich lehren möchte: Die HOFFNUNG, von der du dich tragen lassen kannst, ist diejenige, dass der Mensch eines Tages erkennt, welch wundersames Geschenk sein Atemzug ist und welch großartiges Ereignis sein Herzschlag. Manche Menschen erkennen es noch rechtzeitig genug, um ihr Leben dadurch zu verwandeln. Andere erkennen es erst im Moment ihres physischen Todes. Und auch dann ist es noch nicht zu spät für den tiefen inneren Frieden und die Dankbarkeit für das Leben. Deshalb arbeite du in der Hoffnung, dass der Moment des Erwachens kommen wird und gib diese Hoffnung niemals auf, solange du lebst.« – »Aber wie kann ich an dieser Hoffnung festhalten, wenn der Mensch sie immer wieder attackiert?«

»Ja, liebe kleine Zelle, das ist das Dritte, was ich dir zu sagen habe: Du kannst deine Arbeit nur in diesem Geist der Hoffnung tun, indem du sie von der *LIEBE* durchdringen lässt. Es ist eine bedingungslose Liebe, die nicht danach fragt, ob deine Arbeit gewürdigt wird. Diese Liebe macht sich nicht davon abhängig, erwidert zu werden. Tue deine Arbeit aus dieser Liebe heraus und sie wird von höchster Qualität sein.

Auch wenn der Mensch, dessen Leben du erhältst, dich nicht beachtet, so wirst du ihn liebend und vergebend ansehen und einfach weiter deiner Arbeit nachgehen. Es sind Glaube, Hoffnung und Liebe, diese drei; aber die Liebe ist die größte unter ihnen.«[11]

Die kleine Zelle merkte, wie sie den letzten Worten kaum noch folgen konnte. »Ich fühle mich auf einmal ganz schwach«, sagte sie zu der alten Zelle. »Ja«, sagte diese, »das ist Wut. Der Mensch ärgert sich gerade. Das kommt mehrfach täglich vor.« – »Aber eben war doch noch alles so schön. Wie kann es sein, dass der Mensch seine Stimmungen so schnell ändert?«

Die alte Zelle antwortete nicht mehr. Mit gütigem Blick sah sie den Neuling an und stimmte in das Gemurmel der anderen ein. Die kleine Zelle spürte, wie von dem vereinigenden Gesang der anderen Zellen eine stärkende Kraft ausging. Auch sie nahm den Gesang auf und machte sich an ihre Arbeit: »Ich vergebe dir, denn du weißt nicht, was du tust … Ich vergebe dir, denn du weißt nicht, was du tust … Ich vergebe dir, denn du weißt nicht, was du tust …«[12]

---

[11] Vgl. DIE BIBEL: 1. Korinther 13, 13.
[12] Vgl. DIE BIBEL: Lukas 23, 34.

INNENSCHAU

***WEISHEIT* BIETET DIE MÖGLICHKEIT** zu einer faszinierenden Besinnung auf das Wunderwerk »Körper«. Dieses Angebot bringt mit »Selbstverständlichkeiten« in Kontakt, für die viele aufgehört haben, dankbar zu sein. Es ist eine Chance, um sich und die Fülle des Lebens mit Bewusstheit zu erfahren.

Wenn Sie in dieser Innenschau in den Kontakt zu sich selbst gehen, bietet sich Ihnen die Chance, dem pulsierenden Leben in Ihnen nachzuspüren. Nehmen Sie dazu eine entspannte Haltung ein, in der Sie möglichst die ganze Zeit hindurch regungslos verweilen können. Dadurch können Sie intensiver wahrnehmen, wie sich die Lebenskraft in Ihnen bewegt. Richten Sie Ihre Aufmerksamkeit nach innen und erforschen Sie, was in Ihrem Körper Ihre Aufmerksamkeit auf sich zieht. Vielleicht nehmen Sie irgendwo ein Pulsieren oder ein Kribbeln wahr. Vielleicht fühlen sich manche Körperregionen warm und andere kalt an. Möglicherweise zeigen sich auch Spannungen oder Schmerzen. Tun Sie nichts weiter, als eine Weile aufmerksam an einer Stelle zu verweilen, um dann zu einem anderen Bereich Ihres Körpers überzugehen. Mit der Zeit werden sich einzelne Regionen Ihres Leibes nicht mehr deutlich voneinander unterscheiden lassen. Schließlich wird es sich anfühlen, als lösten sich die körperlichen Begrenzungen ganz auf. Dann fühlen Sie sich als ein Feld reiner Energie. Das sind Sie!

Es ist sinnvoll, Beobachter zu bleiben und sich nicht zu fest mit dem Körper zu identifizieren. Je stärker Sie davon überzeugt sind, der Körper zu sein, desto bedrohlicher ist der Moment, in dem dieser nicht (mehr) funktioniert. Statt sich mit ihm zu identifizieren und sich dadurch Leid zuzufügen, können Sie gewahr werden, dass Sie nicht der Körper sind. Sie sind die Bewusstheit, die den Körper fühlt. Sie sind Weisheit mit einer physischen Erfahrung.

ZUSAMMENFASSUNG

WENN SIE SICH AUF DIE INNENSCHAU eingelassen haben, erhielten Sie einen Eindruck von der unermesslichen *WEISHEIT*, die durch jede Ihrer Körperzellen hindurchscheint. Machen Sie sich klar: Ihre Körperintelligenz gewährleistet Ihr physisches Leben, indem sie unzählige Funktionen gleichzeitig steuert und sie perfekt koordiniert. Und das in *Ihrem* Körper! Das bedeutet, *Sie* verfügen über eine Weisheit von unschätzbarem Ausmaß. Diese Weisheit verschenkt sich großzügig an Sie. Nutzen Sie sie klug!

Ein Handeln, das diese Weisheit in Ihnen ehrt, ist ein Zugang zu mehr Wohlbefinden. Dabei geht es nicht nur – aber auch – darum, das Wunderwerk Ihres Körpers zu ehren und achtsam mit ihm umzugehen. Vor allem geht es darum, grundsätzlich zu mehr Bewusstheit im eigenen Leben zu gelangen. Wenn Sie sich häufiger auf die Lebenskraft konzentrieren, die in Ihnen pulsiert, werden Sie auch aufmerksamer wahrnehmen, wie sich Lebendigkeit in der äußeren Welt zeigt. Sie gelangen zu mehr Klarheit darüber, welches Handeln Ihre Lebendigkeit befördert und welches sie schwächt. Das gibt Ihnen die Chance, sich darin zu üben, immer öfter das zu tun, was das Pulsieren des Lebens befördert, und das zu unterlassen, was die Lebenskraft in Ihnen und um Sie herum schwächt. Weil Sie wissen, dass Sie ein Empfangender sind, der selbst aus der Fülle des Lebens gespeist wird, werden auch Sie freigebiger.

Stellen Sie sich folgende Fragen:

> ▶ Was tue ich *jetzt,* um meinem Körper seine Arbeit im Kreislauf aus Geben und Empfangen zu erleichtern?
>
> ▶ Wie erinnere ich mich daran, für scheinbare Selbstverständlichkeiten öfter Dankbarkeit zu zeigen?
>
> ▶ Was genau tue ich, um Zeit, Geld, Fähigkeiten und Aufmerksamkeit großzügig mit anderen zu teilen?

TEIL II

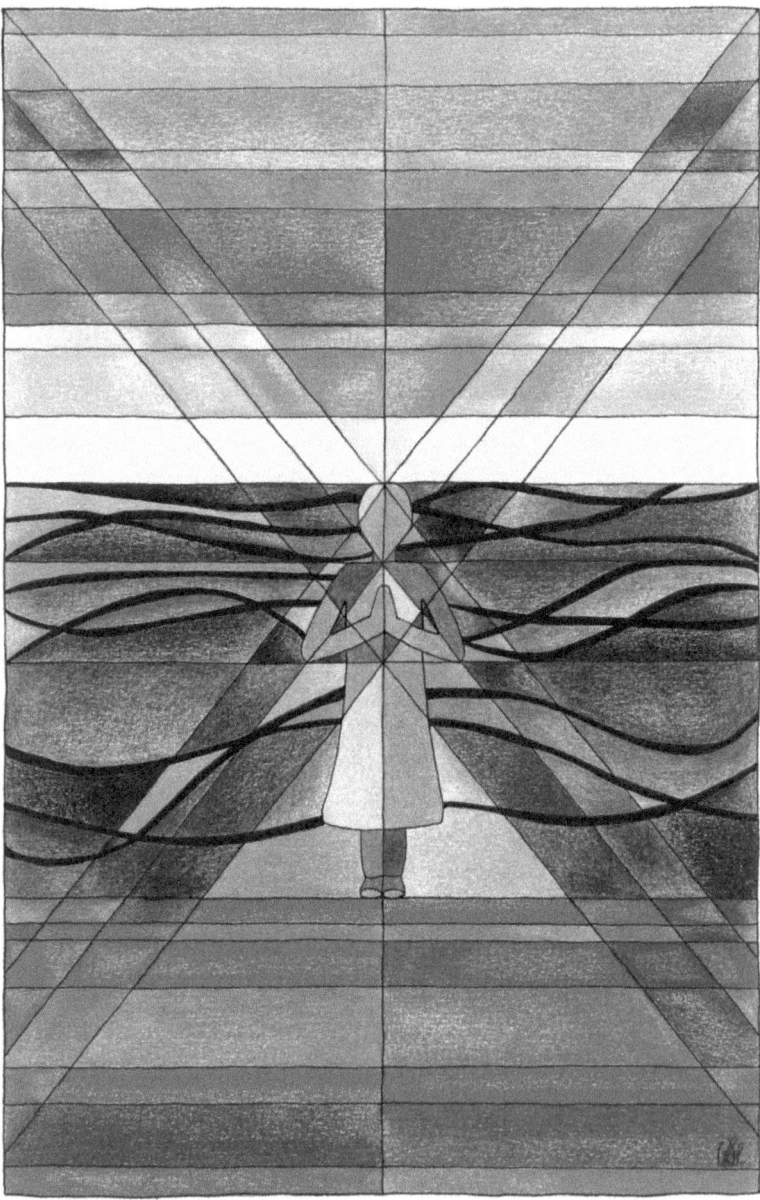

6 | »LEBENSORDNUNG«

EINSTIMMUNG

DAS LEBEN VERLÄUFT NICHT LINEAR. Erfahrungen sind wie Wellen, die manchmal ganz sanft vor sich hin wiegen, dann wieder freudig tanzen und auch bedrohlich aufwallen können. In welcher Form sich diese Wellen auch zeigen, sie laden dazu ein, auf ihnen zu reiten. Es ist leichter gesagt als getan, sich vertrauensvoll auf die sich ständig wandelnden Formen einzulassen, wenn die Sorge vor dem ungestümen Temperament der Wellen zu groß geworden ist. Dann ist eine GELAS-SENHEIT gefragt, die mit den Wellenbewegungen mitgeht, ohne sich selbst in ihnen zu verlieren.

Eine solche Gelassenheit macht sich an der Überzeugung fest, dass alles, was geschieht, seine Gründe hat. Es sind gute Gründe, weil das Leben sich selbst erhält und entfaltet, statt sich zu zerstören. Das Leben kämpft nicht gegen sich selbst. Deshalb kämpft es auch nicht gegen den Menschen, der das Leben in sich hat. Wenn dieser gegen die Wirklichkeit angeht, gebietet ihm die Gelassenheit Einhalt. Sie weiß, dass dieser Kampf weder sinnvoll noch aussichtsreich ist. Sanft flüstert sie ihm zu: »Das Leben meint es immer gut mit dir. Es gibt keinen Grund, dagegen anzukämpfen. Wenn es sich dir in den Weg zu stellen scheint, dann aus Liebe. Wähle eine neue Richtung, gehe durch Furcht hindurch und gib den Dingen die Chance, zu Meilensteinen auf deinem persönlichen Lebensweg zu werden. In der Rückschau wirst du einst erkennen, dass alles sinnvoll und bedeutsam war. Wäre es nicht da gewesen, hätte ein Teil in dem Kunstwerk, das du selbst bist, gefehlt. Es wäre nicht komplett gewesen. Wenn du das erkennst, wirst du dich vor der Weisheit und Güte des Lebens verneigen. Du wirst sehen: Alles ist Gnade!«

FRAGESPUREN

DER GEDANKE, DASS DIE WIRKLICHKEIT ihrer guten und sinnvollen Ordnung folgt, befreit zu Gelassenheit. Wenn nichts willkürlich ist, wird sich zu gegebener Zeit zeigen, dass in allem Gnade liegt. Wenn Sie sich statt des Kampfes mehr Gelassenheit in Ihrem Leben wünschen, fragen Sie sich:

> ▶ Vor welcher Situation in meinem bisherigen Leben wäre ich lieber geflohen, als sie zu durchleben?
>
> ▶ Wodurch habe ich später erkannt, dass genau diese Situation ihren Sinn hatte und wichtig für mich war?
>
> ▶ Wo meine ich, dass etwas nicht in Ordnung ist, und wie kann ich meine Sicht auf die Dinge verändern?

INSPIRATIONSTEXT

ER KONNTE SICH NICHT ERINNERN, dass ihm zwei kleine Worte schon einmal so sehr den Boden unter den Füßen weggezogen hatten. Er taumelte die Straße entlang, nicht wissend, wohin er gehen sollte. Zu Hause würde seine Frau ihn bald erwarten, aber wie sollte er ihr unter die Augen treten? Was würde er ihr sagen? Und wie würde sie reagieren? Diese beiden kleinen Worte wühlten ihn auf und nahmen ihm die Luft zum Atmen: betriebsbedingte Kündigung. Wie sollte es nur weitergehen nach dieser Nachricht?

Sie hatten ein Haus abzubezahlen, die Zwillinge traten bald ihr erstes Studiensemester an und seine Frau kümmerte sich zu Hause um das Nesthäkchen, das niemand mehr erwartet hatte, weil die Familienplanung längst abgeschlossen war. So war es wohl mit Plänen. Das Leben schien sie gnadenlos zu durchkreuzen. Er wusste nicht, wie er der Verantwortung seiner Familie gegenüber jetzt noch gerecht werden könnte. Wieder schnürte sich sein Hals zu und sein Bauch verkrampfte sich. Wenn es doch nur möglich wäre, sich in Luft aufzulösen.

Er wurde aus seinen Gedanken gerissen, als jemand gegen ihn stieß. »Passen Sie doch auf!«, hörte er sich strenger und ungnädiger sagen, als er es beabsichtig hatte. Er musste diese Straße nun schon viel länger entlanggelaufen sein, als ihm bewusst gewesen war, denn jetzt stand er vor einer Buchhandlung, die nicht auf seinem Arbeitsweg lag. Er hätte schon zwei Querstraßen zuvor abbiegen müssen. »Auch das noch«, dachte er bei sich und wollte umkehren.

In diesem Moment fiel sein Blick auf ein Buch im Schaufenster mit dem Titel »Das Leben ist Gnade«. Augenblicklich stieg die Wut in ihm hoch. »Wer so etwas schreibt, kann das wahre Leben nicht kennen«, schimpfte er innerlich vor sich hin. »Wahrscheinlich sind Geldsorgen dem Autor völlig fremd. Wahrscheinlich hat er sich nicht um Frau und Kinder zu kümmern. Wahrscheinlich sitzt er auf irgendeinem Meditationskissen und ist unfähig, die Herausforderungen des *echten* Lebens zu meistern.« Trotz seines Ärgers zog ihn etwas in den Laden.

Die Verkäuferin begrüßte ihn und fragte ihn freundlich – etwas zu freundlich, wie er fand –, ob sie ihm helfen könne.

»Sie haben da so ein Buch über Gnade in der Auslage«, antwortete er. Sie griff in eine Regalreihe und zog ein Buch heraus. »Meinen Sie dieses hier?«, fragte sie. »Ja«, antwortete er, »das ist es.«[13]

Er war dankbar, dass sie ihn nicht fragte, ob er einen Blick hineinwerfen wolle, denn er wusste nicht, ob er bejaht hätte. Mit einer selbstverständlichen Geste, die ihm keine Reaktion abnötigte, wies sie auf einen Sessel in einer Ecke des kleinen Ladens hin. »Dort können Sie gern Platz nehmen.« Er nahm das Buch aus ihrer Hand entgegen und setzte sich in den alten Ohrensessel. Willkürlich schlug er eine Seite auf und las:

»UND WAS IST, WENN DAS LEBEN ES GUT MIT DIR MEINT UND DU ES GERADE NUR NICHT ERKENNST?«

TEIL II

Sofort schossen Tränen in seine Augen und es überkam ihn ein Gefühl des Friedens. Sein Verstand konnte nicht begreifen, warum er jetzt diesen Frieden empfand. Seine Seele aber wusste, dass dieser Frieden höher war als alle Vernunft und ihm den Weg in die Freiheit weisen könnte.

Die beiden kleinen Worte hatten für diesen einen Moment ihre Macht verloren. Er wusste nicht, ob sie ihn bald wieder gefangen nehmen würden, aber er wusste jetzt, dass es möglich war, dieses Gefängnis wieder zu verlassen. Er hatte noch keine Ahnung, *wie* es ginge, aber er wusste, *dass* es ginge. »Vielleicht«, so dachte er bei sich, »durchkreuzt das Leben unsere Pläne gar nicht so gnadenlos, wie ich dachte. Vielleicht durchkreuzt es unsere Pläne gnadenvoll.«

---

[13] Vgl. DIE BIBEL: Philipper 4, 7.

INNENSCHAU

LEBENSORDNUNG LÄDT ZU DEM GEDANKENSPIEL ein, dass alles, was geschieht und wie es geschieht, seine Berechtigung hat. Auch dann, wenn Erklärungen und Einsichten (noch) fehlen, folgen die Geschehnisse einer sinnvollen Ordnung und können sich zur rechten Zeit als Gnade offenbaren.

Diese Innenschau ist zugleich eine wirksame Übung, um sich selbst in Balance zu bringen. Sie können sie zwischendurch anwenden, wenn es Ihnen schwerfällt, gelassen zu bleiben. Nehmen Sie eine stehende Haltung ein, um den festen Boden unter Ihren Füßen zu spüren. Orientieren Sie sich an der Figur auf dem Bild. Stehen Sie aufrecht, die Füße eng aneinander, die Handflächen vor der Brust sanft zusammengelegt. Schließen Sie die Augen oder halten Sie sie halb geöffnet, sodass Sie zugleich Kontakt nach innen und nach außen haben. Stehen Sie eine Weile so da, Ihre Aufmerksamkeit gebündelt auf sich selbst gerichtet. Beobachten Sie Ihren Atem und nehmen Sie wahr, wie sich Ihr Körper in dieser Haltung anfühlt. Vermutlich beginnt er, sich langsam hin und her zu wiegen. Er balanciert Sie so aus, dass Sie nicht umfallen. Er wird bestimmte Muskelpartien anspannen und wieder entspannen, um Sie in Ihrer Haltung zu festigen. Durch die aneinandergelegten Handflächen entsteht eine innere Zentriertheit, die es Ihnen erleichtert, in sich selbst fest gegründet zu sein. Wenn die Hände loslassen wollen, dann lassen Sie zu, dass sie sich absenken und die Arme locker zu beiden Seiten des Körpers hängen.

Öffnen Sie Ihre Augen jetzt ganz und betrachten Sie Ihre Umgebung. Seien Sie im gegenwärtigen Moment präsent. Sie sind hier! Machen Sie sich klar: Das Leben arbeitet nicht gegen Sie, sondern mit Ihnen. Es ist immer unterstützend in Ihnen und um Sie herum. Was gerade geschieht, hat seinen Sinn, und dieser Sinn gilt auch für Ihr eigenes Leben.

ZUSAMMENFASSUNG

GELASSENHEIT GRÜNDET auf der festen Überzeugung, dass alles in seiner *LEBENSORDNUNG* ist. Der Weg, den die Gelassenheit wählt, führt an blindem Aktionismus und teilnahmsloser Resignation vorbei und mündet in ein Handeln, das Akzeptanz und Veränderung miteinander verbinden. Durch Akzeptanz lassen sich sinnlose Kämpfe gegen die Wirklichkeit beenden. Das bedeutet nicht, sich passiv zu verhalten und keine Veränderungen anzustreben. Ganz im Gegenteil: Die Kraft, die sich selbst nicht mehr in sinnlosen Kämpfen vergeudet, wird wieder freigesetzt und steht an anderer Stelle zur Verfügung.

Durch die Haltung, die Sie in der Innenschau eingenommen haben, konnten Sie körperlich erleben, was es bedeutet, zugleich balanciert und zentriert zu sein. Die Füße standen so eng beieinander, dass die Muskeln Ihren Stand fortwährend ausbalancieren mussten. Weil Sie Ihre Aufmerksamkeit gebündelt haben, blieben Sie zugleich zentriert und im gegenwärtigen Moment präsent. Was in der Vergangenheit war und in der Zukunft sein würde, kümmerte Sie gerade wenig. Sie waren damit beschäftigt, in diesem einen Moment dafür zu sorgen, nicht umzufallen. Das ist ein treffendes Sinnbild für eine gelassenere Lebenshaltung: Bleiben Sie standfest, akzeptieren Sie, was das Leben Ihnen gibt, und machen Sie das Beste daraus. Wenn Sie sich in dieser Lebenseinstellung stärken möchten, können Sie sich folgende Fragen stellen:

> ▶ In welchen Situationen war ich besonders gelassen und was hat zu meiner Gelassenheit beigetragen?
>
> ▶ Welche Chancen bieten mir diejenigen Lebensbereiche, die (noch) nicht in Ordnung zu sein scheinen?
>
> ▶ Wie kann ich mich so stärken, dass ich flexibel auf die Dinge reagiere und dabei in mir zentriert bleibe?

7 | »HERZENSKRAFT«

EINSTIMMUNG

GANZ SELBSTVERSTÄNDLICH HÄLT DAS HERZ tagein, tagaus den Kreislauf des Lebenssafts aufrecht. Vom ersten bis zum letzten Atemzug sorgt es dafür, dass die Lebendigkeit durch den Körper des Menschen pulsiert. Damit verleiht es dem Leben seinen Rhythmus. Gleichzeitig ist das Herz auch ein Mysterium, auf das schon unzählige Lieder gesungen wurden. Sie besingen eine Ahnung davon, dass das Herz über den Zugang zu einem Wissen verfügt, das dem Verstand unzugänglich ist.

Der Weg, den das Herz aus diesem Wissen herausweist, hat für den Kopf oft wenig Sinn. Das Herz versteht es, gütig hinter die Fassaden des Augenscheinlichen zu blicken. Leid, Angst, Wut und jede andere Form von Negativität können das Herz nicht von der Liebe abbringen. Zu tief ist sein Wissen, dass jedes Geschehen seinen Sinn hat. Auch, wenn Menschen einander wehtun und sich gegenseitig Leid zufügen, weiß das Herz, dass nicht die Menschen selbst böse sind. Sie kennen nur keinen anderen Weg, um für das einzustehen, was für sie selbst gerade am wichtigsten ist. Sie haben noch nicht gelernt, sich wirklich offenzuhalten und in jedem Moment den Weg der Liebe zu gehen. Also kämpfen sie. Weil das Herz um die grundsätzliche Güte des Menschen weiß, bietet es VERGEBUNG an. Vergebung befreit von der irrigen Annahme, dass etwas anders hätte sein sollen, als es tatsächlich geschehen ist. Sie gesteht ein, dass Urteile, die Menschen über sich selbst, über andere oder über das Leben fällen, unzulänglich sind, weil sie dem Nichtwissen entspringen. Zu vergeben heißt nicht unbedingt, gutzuheißen, was geschehen ist. Wer vergibt, löst sich aus den Fesseln seiner Beurteilungen, lässt die Vergangenheit los und öffnet sein Herz wieder für die Liebe.

FRAGESPUREN

IN »VERGEBEN« STECKT DAS WORT »GEBEN«. Ein Mensch, der vergibt, *gibt* sich selbst und anderen die verloren gegangene Freiheit zurück. Er trifft die Wahl, sich nicht länger von negativen Gefühlen und Gedanken beherrschen zu lassen, sondern seinen Blick durch Güte zu weiten. Fragen Sie sich:

> ▶ Was habe ich mir selbst und anderen, vielleicht auch dem Lauf des Lebens bisher noch nicht vergeben?
>
> ▶ Welche Herzensentscheidungen habe ich in meinem bisherigen Leben schon getroffen und warum?
>
> ▶ In welchen Bereichen meines Lebens fühlt sich mein Herz leicht und frei an und wo schwer und beengt?

INSPIRATIONSTEXT

SIE KAM ZU IHREM MEISTER. »Meister«, sagte sie, »er hat mich verlassen.« Der Meister blickte sie ruhig an und sagte dann: »Hast du dich schon bei ihm bedankt?« Sie fragte sich, ob er sie vielleicht nicht richtig verstanden hätte und fügte hinzu: »Er hat mich belogen, er hat mir verweigert, die Dinge zu klären, und jetzt ist er fort. Er hat mich stehen lassen und meine Würde mitgenommen.« Noch einmal fragte der Meister sie: »Hast du dich schon bei ihm bedankt?«

Sie wurde wütend, weil er ihren Schmerz zu ignorieren schien. Vielleicht aber, so dachte sie bei sich, wüsste er einfach nichts davon, wie es sich anfühlt, zu lieben und diese Liebe zu verlieren. »Ich habe diesen Mann geliebt. Ich habe sogar schon darüber nachgedacht, wie es sein würde, mein ganzes Leben mit ihm zu teilen. Ich habe ihm alles von mir gegeben, was ich zu geben hatte. Er hat es mit Füßen getreten. Er hat mich verleugnet. Es fühlt sich an, als hätte mich das Leben betrogen. Mir ist kalt, ich schlafe schlecht, meine Gedanken kreisen nur um ihn. Ich bin unruhig, mein Bauch verkrampft sich und mein Herz … Es fühlt sich an, als sei es in meiner Brust zersprungen. Ich empfinde Hilflosigkeit in diesem Schmerz. Einsamkeit, Ohnmacht und Sinnlosigkeit übermannen mich. Da ist diese Leere, die ich kaum ertragen kann.« Sie spürte, wie der Kloß in ihrem Hals die Worte zu ersticken drohte.

»Du glaubst«, setzte der Meister ein drittes Mal an, »dass ich nichts von der Liebe weiß; dass ich den Schmerz nicht kenne, den du fühlst.« Sie schwieg. Er lachte. Es war ein gütiges, wissendes, weises Lachen, das seine Lippen umspielte und sein Gesicht erstrahlen ließ. So konnte nur lachen, wer aus einer inneren Ruhe schöpfte, deren Fundament der Abstand zum unmittelbaren Erleben ist.

»Ich habe auch einmal so geliebt, dass es sich anfühlte, als müsste ich sterben, weil der geliebte Mensch nicht mehr da war.« Nach einer Atempause fragte er sie: »Als du diesem Mann, den du so sehr liebst, begegnet bist, was hat dir dein Herz gesagt?«

Diese Frage traf sie ins Mark. Sie wusste sehr genau, was ihr Herz ihr damals gesagt hatte. »Mein Herz hat mir gesagt, dass dieser Mann nicht bleiben würde. Es hat mich zur Vorsicht gemahnt und doch war es auch aufgeregt, weil es Lust hatte, mit dem Feuer dieser Begegnung zu spielen.« – »Und du hast dich auf diese Begegnung voll eingelassen?« – »Ja, ich habe mich ganz und gar hineingegeben.« – »Du hast also gewählt, diesem Mann zu begegnen. Du hast ihn in dein Herz gelassen.« – »Ja, das habe ich gewählt«, erwiderte sie hastig, »und jetzt …« – Der Meister unterbrach sie: »Und? Hat sich diese Wahl für dich gelohnt? Hast du mit diesem Mann irgendetwas erlebt, was du ohne ihn nicht hättest erleben können?« – »Ja, vieles habe ich mit ihm und durch ihn erlebt.« – »Er hat dich also beschenkt?«

Sie wurde ruhiger und versuchte, durch ihren Schmerz hindurchzufühlen, den Worten des Meisters weiter lauschend. »Lass mich dir etwas über das Herz erzählen. Die wahre Kraft des Herzens besteht darin, zu transformieren. Das Herz nimmt erst einmal alles bereitwillig auf, was ihm gegeben wird. Es wehrt sich nicht, es reklamiert nicht, es sagt niemals ›Nein‹. Das Herz kennt nur ein großes, liebendes ›Ja‹ zu ALLEM, WAS IST. Bedingungslos gibt es sich hin. Das Herz weiß, dass es seine Bestimmung ist, zu transformieren. Es hat die Macht, jede Form von Angst und Negativität in Liebe und Dankbarkeit zu verwandeln. Es ist das Herz, das dem ungeordneten Wirrwarr des menschlichen Erlebens einen neuen Rhythmus gibt und der Farbenpracht des Lebens neue Strahlkraft verleiht. Das Herz weiß immer, was zu tun und zu unterlassen ist. Und die Stimme des Herzens ist es, die uns Menschen sagt, was unsere Seele zu erfahren wünscht.

Höre also hin, höre genau hin! Werde still vor deinem

Herzen, lerne von ihm, lass dich beschenken von seinem Wissen. In deinem Herzen liegt die Weisheit Gottes und diese Weisheit kennt den Plan deiner Seele. Denke immer daran, dass es deine Aufgabe ist, diesen Plan zu erfüllen. Lerne das von deinem Herzen: Nimm bereitwillig an, was dir das Leben schenkt, transformiere alles so lange, bis pure Liebe übrig bleibt, und dann lasse zu, dass sich dein Leben in der Ordnung offenbart, die deine Seele wünscht. Erstehe immer wieder neu zu einem solchen Leben auf, und zwar *jetzt*.«

Nach einem kurzen Moment der Stille fuhr der Meister fort: »Dein Herz wusste, dass dieser Mann nicht bleiben würde. Es hat dich aber in deiner Hingabe gewähren lassen, weil du nur so die Kraft deines Lebensfeuers spüren und einzigartige Erfahrungen machen konntest, die für dich und ihn bedeutsam waren. Wenn du erkennst, dass es Teil deines Seelenplans ist, dieser Liebe begegnet zu sein und sie wieder gehen lassen zu müssen, dann wirst du danken können. Diese Dankbarkeit wird dich und diesen Mann, den du vielleicht dein ganzes Leben lang lieben wirst, aus der Illusion von Schuld und Abhängigkeit befreien. Zurück wird eine Liebe bleiben, die langmütig und freundlich ist, die nicht eifert und nicht Mutwillen treibt, die sich nicht aufbläht und sich nicht ungehörig verhält, die nicht das Ihre sucht, die sich nicht erbittern lässt und das Böse nicht zurechnet, die sich nicht über die Ungerechtigkeit, sondern an der Wahrheit freut, die alles erträgt, die alles glaubt, die alles hofft und alles duldet.[14] Dann wirst du mit einem liebenden Herzen danken können.«

---

[14] Vgl. DIE BIBEL:1. Korinther 13.

Sie spürte, dass die Worte des Meisters sie erreicht hatten. Der Schmerz war noch zu groß, als dass sie jetzt schon hätte danken können. Sie wusste aber, dass der Tag käme, an dem sie sich dankbar verneigen würde.

INNENSCHAU

DIESES ANGEBOT BIETET EINEN ZUGANG zur *HERZENS-KRAFT*. Es lädt ein, Urteile und Bewertungen niederzulegen und tiefer zu blicken. Dadurch bahnt es den Weg zu Vergebung und Güte. Wer sich mit dem Wissen seines Herzens verbindet, löst sich aus alten Fesseln und befreit sich zur Liebe.

TEIL 2

Alles, worauf es in dieser Innenschau ankommt, lässt sich mit einem Wort beschreiben: zuhören! Lauschen Sie in sich hinein, hören Sie zu, was Ihr Herz Ihnen zu sagen hat. Schließen Sie dazu die Augen und gehen Sie mit Ihrer Aufmerksamkeit zu Ihrer Herzgegend. Nähern Sie sich Ihrem Herzensraum an, ohne etwas Bestimmtes zu wollen. Gerade geht es ausschließlich darum, sich offenzuhalten. Versuchen Sie nicht, etwas zu beeinflussen, sondern lassen Sie sich stattdessen vertrauensvoll in diesen Moment hineinsinken. Übergeben Sie Ihrem Herzen jetzt die Führung. Erlauben Sie ihm, Sie mit genau der Erfahrung zu beschenken, die in diesem einen Moment wichtig für Sie ist. Ihr Herz wird Sie wissend und liebevoll begleiten.

Vielleicht empfinden Sie Wärme oder Kribbeln in der Herzgegend, vielleicht tauchen innerlich Emotionen, Bilder, Worte oder Lebensszenen auf. Ob wohltuend oder weniger angenehm, alles, was sich jetzt zeigt, hat seinen Sinn, ohne dass Sie diesen sofort verstehen müssen. Bleiben Sie einfach weiter aufmerksam. Nehmen Sie wahr, ob sich der Herzensraum eng oder weit anfühlt. Sollten Sie etwas entdecken, das Ihnen auf dem Herzen liegt, dann können Sie es vor Ihrem inneren Auge in die Hand nehmen und Ihr Herz fragen, was genau das ist und was Sie damit tun können. Vielleicht wird es Ihnen direkt antworten, vielleicht auch erst später. Halten Sie sich also nicht zu lang damit auf. Wichtig ist jetzt nur, dass Sie mit Ihrem Herzen, dem Zentrum Ihres Lebenspulses, vereint sind.

ZUSAMMENFASSUNG

DIE *HERZENSKRAFT* ZEICHNET SICH BESONDERS dadurch aus, Negativität keinen Platz einzuräumen, sondern alles, was der Liebe entgegensteht, nach und nach zu transformieren. Dazu nimmt das Herz die Lebensfäden auf, die in ihm als Zentrum des (Er-)Lebens zusammenlaufen, und verwebt sie perfekt ineinander. Es sortiert Fadenscheiniges aus und stärkt die brüchigen Fasern. Was an Farbkraft verloren hat, erstrahlt in neuem Glanz. Der Stoff des Lebens, in den alle Fäden einmünden, ist ein kostbares Einzelstück, ein Kunstwerk der Liebe.

Diese Liebe ist ein Resultat aus Schmerz *und* Freude, aus Angst *und* Zuversicht, aus Enttäuschungen *und* Glücksmomenten. Ihre Stärke kommt gerade daher, dass sie alle Lebendigkeit in sich vereint. Deshalb verleiht sie dem Menschen auch die Kraft, sich inmitten der Unwägbarkeiten seines Lebens offenzuhalten. Er kann sich an den schönen Dingen erfreuen und die schwierigen Dinge vergeben. Die Fähigkeit, zu vergeben, ist ein Akt der Demut. Vergebung erkennt an, dass die Dinge ganz anders sein können, als bisher angenommen. Wer sich selbst zugesteht, vom Verstand her nur begrenzt wissen zu können, öffnet sich für die tiefe Weisheit des Herzens. Je weniger die eigens produzierte Negativität sich dabei wie ein Schleier über die klare Sicht auf die Dinge legt, desto deutlicher lassen sich die Weisungen des Herzens vernehmen. Fragen Sie sich:

TEIL II

> ▸ Welche meiner Urteile entstanden, weil ich noch nicht vergeben habe, und wie kann ich diese loslassen?
>
> ▸ Wie kann ich mir und anderen gegenüber mehr Mitgefühl entwickeln und Negativität transformieren?
>
> ▸ Was sagt mir mein Herz zu meinem persönlichen Leben, zu meinen Beziehungen und zu meiner Arbeit?

8 | »DIE STURMSTILLUNG«

EINSTIMMUNG

DER KAPITÄN EINES SCHIFFES HAT die zugleich ehrenvolle wie herausfordernde Aufgabe, sein Schiff auf Kurs zu halten. Ehrenvoll ist diese Aufgabe, weil er für geeignet gehalten wird, die *VERANTWORTUNG* für die sichere Fahrt auf See zu übernehmen. Alles an Bord ist seinem Kommando unterstellt. Herausfordernd ist seine Aufgabe, weil er auch in Gefahrensituationen für die Führung und die Sicherheit der Besatzung

Sorge zu tragen hat. Seine Befugnis bringt die Bürde mit sich, eigene Ängste im Zaum halten zu müssen und auch im Sturm die Richtung vorzugeben. In Notlagen kann er sein Schiff nicht einfach verlassen, sondern hat sich dafür einzusetzen, dass Passagiere und Mannschaft gerettet werden.

Ähnlich wie ein Kapitän ist jeder Mensch für den Kurs eines Schiffes verantwortlich: Er gibt seinem »Lebensschiff« die Richtung vor. Insbesondere die Stürme des Lebens, Herausforderungen, Schicksalsschläge, Konflikte, Spannungen und »Probleme« stellen uns Menschen vor eine Wahl. Wir können uns von unserer Angst übermannen lassen und als Erster von Bord gehen. Wir können aber auch unsere Verantwortung übernehmen und nach einem geeigneten Kurs durch die Lebensstürme hindurch suchen. Gerade die Unwägbarkeiten lassen uns all unsere Kräfte bündeln. Wir erkennen an, dass wir nur dann unseren persönlichen Weg durch die Lebensstürme hindurch finden, wenn wir entschlossen und beharrlich voranschreiten. Wir dürfen lernen, Ruhe im Sturm zu bewahren und besonnen weiterzugehen. Indem wir den Kampf gegen die Lebensstürme niederlegen, können sie uns zu Lehrmeistern werden. Wir lernen Unschätzbares über uns selbst und das Leben, wenn wir uns nicht von unserer Angst beherrschen lassen und weitergehen.

FRAGESPUREN

IN MOMENTEN VON VERZAGTHEIT UND ANGST zur eigenen Kraft zurückzufinden und mutig weiterzugehen, basiert auf der Fähigkeit, Verantwortung und Vertrauen miteinander zu verbinden. Dadurch weitet sich der Blick für Möglichkeiten zur Weiterentwicklung. Fragen Sie sich:

> ▶ Welche kleinen und großen Lebensstürme habe ich bisher bereits erfolgreich bewältigt und wodurch?
>
> ▶ In welchen Bereichen meines derzeitigen Lebens nehme ich Ängste, Spannungen oder Unruhe wahr?
>
> ▶ Auf welche Unstimmigkeiten in meinen Gedanken und Handlungen weisen mich die negativen Gefühle hin?

TEIL II

INSPIRATIONSTEXT

MITTEN IN DIESEM STURM DES LEBENS sah sie ihren Freund hilflos an. Sie sah seinen gebeugten Rücken, niedergedrückt von der Last dieser Tage. Sie sah seine Tränen, die wie in einem endlosen Fluss sein Gesicht herunterrannen. Dort, wo sie aufkamen, durchnässten sie unbarmherzig seine Kleidung. Gern wäre sie ihm zu Hilfe gekommen, gern hätte sie ihm tröstende, aufrichtende Worte gesagt. Zugleich fühlte es sich töricht an, ihm einen Rat geben zu wollen. Was hatte sie ihm schon zu sagen, wo sie doch selbst so oft die Ohnmacht in ihrem eigenen Leben verspürte? Sie kannte das Gefühl nur zu gut, hilflos vor sich selbst zu stehen. Sie blieb im Schweigen, bereit dazu, die bedrückenden Fragen, die im Raum standen und kaum Luft zum Atmen zu lassen schienen, still und gefasst mit ihm gemeinsam auszuhalten.

Er fühlte ihre Nähe. Eine Stärke ging von ihr aus. Eine Stärke, die sein Herz einen Moment lang ruhiger schlagen ließ. Er war nicht allein, denn sie war da, ganz und gar gegenwärtig. Niemals hätte er von ihr verlangt, zu bleiben. Niemals hätte er sie auch nur darum bitten können, nicht zu gehen. Ihm war es unbegreiflich, dass sie jetzt da war. Das überstieg alle Vernunft. Für die Suche nach Erklärungen fehlte ihm die Kraft. Er hatte keine Worte, die diesem Moment würdig gewesen wären. So gab er sich einfach hin, bereit dazu, DAS, WAS IST zu erdulden.

In diesen Augenblick hinein hörte er sie sagen: »Die Stürme des Lebens können rau sein. Mit großer Macht greifen sie in unseren Alltag ein, schaffen Unordnung, wirbeln auf, bedrohen uns. Ihre Unberechenbarkeit macht uns Angst. Die Stürme des Lebens lassen uns an unserer Kraft zweifeln. Wir wissen inmitten der uns durchschüttelnden Wirbel nicht mehr, ob wir stark genug sein werden, um die Situation zu überstehen. Es fehlt uns dann oft an Vertrauen in uns selbst und in dasjenige Leben, das gerade so unbarmherzig in sich zusammenzufallen scheint. Es ist wie bei einem Sturm auf hoher See. Das Boot, das uns eben noch schützend umgab, schlägt leck. Die Fluten des Meeres durchdringen die selbst gebaute Sicherheit. In Momenten wie diesen scheint es nur noch ums Überleben zu gehen. Der idyllische Sonnenuntergang des Vorabends ist vergessen. Die behagliche Ruhe auf hoher See lässt sich kaum noch erinnern. Die Naturkräfte des Wassers, die Leben spenden und erhalten, werden zu Feinden. Was bleibt, ist die blanke Angst.

Was wäre aber, wenn wir uns nicht der Panik des Moments hingäben? Was wäre, wenn wir uns weigerten, uns von den Gewalten des Sturmes übermannen zu lassen? Was wäre, wenn wir uns unsere klare Sicht nicht von den Fluten des Meeres verstellen ließen?

Wir sähen, dass das sinkende Boot immer noch dasjenige ist, das uns gestern zuverlässig über die Weite des Meeres trug. Wir sähen, dass die Erschütterungen des Sturmes unseren Anker noch tiefer und tiefer auf den Grund des Meeres sinken lassen, wo er sich fester verankern kann. Im gebrochenen Mast erkennten wir die Stabilität des Holzes, aus dem er gefertigt wurde. Wir sähen, dass seine wahre Kraft niemals ausgelöscht werden kann, weil sie die Schöpferkraft selbst ist.

Es ist diejenige Kraft, die den Baum wachsen und gedeihen ließ, aus dessen Holz das Boot gebaut wurde. Sie ist unzerstörbar und es ist die gleiche Kraft, die auch durch uns lebendig wurde. Hielten wir also inmitten des bedrohlichen Sturmes inne, sähen wir, dass die Lebens- und Schöpferkraft unzerstörbar ist. Wir sähen, dass es immer einen Weg zwischen Himmel und Erde, zwischen den höchsten Höhen und den tiefsten Tiefen gibt. Wir sähen, dass in unserem größten Unglück unser größtes Glück verborgen liegen könnte. Wir sähen, dass es den Sturm nur deshalb geben kann, weil es auch die Ruhe der See gibt. Wir sähen, dass in den Bewegungen des Sturmes Lebenskraft liegt, und wenn wir auf die Stille hörten, die hinter dem Tosen des Sturmes liegt, dann könnten wir sie flüstern hören:

›Geliebte Seele, fürchte dich nicht. Siehe, der Sturm verkündigt dir die große Freude, dass etwas Neues aufwächst. Das leise Heranwachsen hast du überhört. Du warst zu beschäftigt. Nun sieh und höre hin! Lass dir von den hochschlagenden Wellen neue Formen der Schöpferkraft zeigen. Lass dir von dem Tosen des Windes von der Großartigkeit dieser Kraft erzählen und dann gib dich dieser Energie hin, von der Wellen und Wind wissen. Lass dich durchfluten und durchwinden. Spüre die Lebendigkeit des Sturmes. Gib deine vergeblichen Selbstschutzversuche auf und werde eins mit dieser Naturgewalt. Dann wird inmitten dieses Brausens Ruhe einkehren, weil du erkennst, dass die Kraft hinter dem Sturm die gleiche Kraft ist, die dich verlebendigt. Es ist die Kraft, die dich hat wachsen, gedeihen und schaffen lassen.

Wenn du mit dem Sturm eins wirst, erinnerst du dich daran und du wirst vordringen zu den Möglichkeiten, die dir die eine große Schöpferkraft geschenkt hat. Du wirst deine Vollmacht spüren können. Du wirst wissen, dass du jedes Loch, das der Sturm gerissen hat, mit deinen friedvoll ruhenden Händen umschließen kannst. Und du wirst wissen, dass sich der tosende Sturm nach und nach der Stille deiner Hände beugen wird. Schließlich wird sich der Sturm dir hingeben. Angesichts deiner Ruhe wird er sich daran erinnern, dass auch er einst aus dieser Ruhe geboren wurde. Dann kann er selbst wieder in sie eingehen, denn er hat seine Aufgabe erfüllt. Er hat dich geweckt aus deinem Schlaf und er hat dich gezwungen, deine Hände zum Gebet zusammenzulegen und dich an deine eigene Kraft zu erinnern. Diese Kraft kann dem Sturm gebieten, zu verstummen, denn sie ist schöpferisch. Fürchte dich also nicht, geliebte Seele, sondern erkenne. Erkenne, was der Sturm dir zu sagen hat. Dann erfährst du tiefsten Frieden. Dieser Friede wird höher sein als alle Vernunft.‹[15]«

Als sie geendet hatte, wurde es still. Ihre Stimme verklang und Frieden durchzog und umhüllte ihn. Dies war der Friede, von dem die Vernunft nichts weiß. Er blickte sie an: »Danke!« – »Wofür?«, fragte sie. »Ich bin doch einfach nur hier mit dir und habe nicht einmal ein einziges Wort zu dir sagen können.«

INNENSCHAU

TEIL II

DIE STURMSTILLUNG **IST EIN ANGEBOT,** um den Herausforderungen des Lebens kraftvoll zu begegnen. Sie ermutigt, Selbstverantwortung zu übernehmen, und lädt dazu ein, das Vertrauen in die eigene Kraft und den Lauf der Dinge zu vertiefen. Daraus können sich neue Chancen ergeben.

Diese Innenschau öffnet einen Erfahrungsraum, in dem Sie mit den für Sie schwierigen Lebensaspekten würdevoll, klar und offen in Kontakt kommen können. Entschließen Sie sich dazu, den Herausforderungen Ihres Lebens jetzt still zu begegnen. Wenn möglich, nehmen Sie dazu die Haltung der Figur auf dem Bild ein. Legen Sie sich in Rückenlage auf den Boden. Die Füße liegen nah beieinander, vielleicht berühren sich die Fersen leicht. Die Fußspitzen entspannen sich und zei-

---

[15]   Vgl. DIE BIBEL: Philipper 4, 7.

gen locker nach außen. Breiten Sie die Arme jeweils etwa in einem 90-Grad-Winkel zum Körper aus und lassen Sie die Handflächen offen nach oben zeigen wie zwei Schalen, die zum Empfangen bereit sind. Legen Sie den Kopf so ab, dass das Kinn leicht Richtung Brust zeigt und die Halswirbelsäule durch einen feinen Zug in eine angenehme Dehnung geht. Fühlen Sie, wie sich der Brustkorb weitet und entspannen Sie sich, so gut es geht. Wenn Sie eine andere Körperhaltung bevorzugen, stellen Sie sich vielleicht vor, wie Sie die Haltung der Figur einnehmen.

Richten Sie Ihre Aufmerksamkeit nach innen und sprechen Sie sich die Absicht zu, jetzt Ihren Lebensstürmen zu begegnen. Dann lassen Sie kommen, was kommt. Alles, was sich zeigt, darf jetzt so sein, wie es ist. Spüren Sie dabei, wie der Boden unter Ihnen Sie trägt. Es kann Ihnen nichts passieren. Sie sind in Sicherheit! Versuchen Sie, auftauchende Bilder, Szenen, Erinnerungen und Emotionen möglichst distanziert zu betrachten. Sie sind jetzt ein Forscher, der nach Chancen sucht und entschlossen ist, sie zu finden.

ZUSAMMENFASSUNG

WENN SIE MIT DEM ANGEBOT *DIE STURMSTILLUNG* in die Innenschau gegangen sind, haben Sie schon eine Haltung gezeigt, die es deutlich begünstigt, dass Sie Ihre Herausforderungen konstruktiv bewältigen und sie auf positive Weise nutzen können. Es braucht Mut, um eigenen Lebensstürmen samt ihren Unwägbarkeiten zu begegnen. Dazu gehört, es überhaupt für möglich zu halten, dass Herausforderungen auch Chancen zum Wachstum sein können. Beharrliche Selbstdisziplin begünstigt es dann, Negativität, Unsicherheit und Misstrauen immer wieder zu verabschieden, wenn sie sich zeigen. Mit einem klaren Blick lassen sich schließlich die neuen Chancen erkennen und nutzen. Die feste Entschlossenheit, mutig voranzugehen, bereitet den Boden für ein neues Level an Bewusstheit im Leben.

Sie können es trainieren, Ihre eigenen Themen anzuschauen und Verletzlichkeiten zuzulassen, ohne sich von ihnen lähmen zu lassen. Vielleicht wird es Ihnen nicht immer leichtfallen, gelassen und vertrauensvoll zu sein, wenn der Wind sehr stark weht. Es ist aber lohnenswert, sich beharrlich darauf zu besinnen, dass Sie Ihr Handeln selbst wählen können. Es liegt bei Ihnen, ob Sie das Steuerrad aus der Hand geben oder ob Sie mutig auf den Wellen reiten. Schließlich können Ihnen die Lebensstürme zu Verbündeten werden. Vielleicht werden Sie ihnen einst sogar friedvoll, ja heiter entgegentreten können. Fragen Sie sich:

► Welche Stürme haben sich gezeigt und finde ich hier ein passendes Angebot zu diesem Thema? (S. 94)

► Worin besteht mein Anteil an Verantwortung in diesen Stürmen und wie kann ich ihn übernehmen?

► Wie stärke ich mich im Alltag darin, meine Herausforderungen entschlossen anzugehen.

TEIL II

9 | »ICH SEHE DICH«

EINSTIMMUNG

ALLTÄGLICH NEHMEN WIR ROLLEN EIN, um unsere Aufgaben in der Welt zu erfüllen. Durch selbst errichtete Fassaden laufen wir dabei Gefahr, uns nicht mehr so zu zeigen, wie wir wirklich sind. Aber wie sind wir wirklich? Oft passt das, was andere von uns sagen, nicht mit dem zusammen, was wir selbst über uns meinen. Teilweise fühlen wir uns von anderen verkannt, weil sie vorschnell beurteilen. Umgekehrt finden wir vielleicht, dass wir ihre Wertschätzung nicht verdienen. Schließlich kennen sie die »Abgründe« unseres Lebens nicht. Wir selbst kennen unsere vermeintlichen Ecken und Kanten sehr gut und häufig nehmen wir sie zum Anlass, um uns klein und unzulänglich zu fühlen. Damit säen wir Unzufriedenheit, Minderwertigkeitsgefühle und in der Folge Selbsthass in uns.

Dem Leben ist diese Negativität fremd. Es hat jeden von uns in einzigartiger Weise hervorgebracht und grundsätzlich für gut befunden. Wir sind die Hände, durch die das Leben die Welt ertastet und durch unsere Füße geht es seine Wege über diesen Planeten. Wir Menschen sind Erfahrungsräume des Lebens. Je vielfältiger wir selbst sind, desto vielfältiger sind auch die Möglichkeiten für das Leben, sich zu erfahren. Solange die Urteile, die wir über uns gefällt haben, nicht die Liebe des Lebens uns gegenüber widerspiegeln, darf noch etwas in uns heilen. *HEILUNG* ist der Weg dorthin, das Urteil des Lebens über uns gelten zu lassen, nicht unser eigenes. Heil und damit ganz zu sein, beinhaltet, Frieden im Hinblick auf das eigene Menschsein zu haben. Wenn wir bereit sind, die mit Schuld und Scham behafteten Selbstbilder vollständig loszulassen und uns bedingungslos anzunehmen, zeigt uns das Leben unverfälschte Antworten auf unser Fragen danach, wer wir wirklich sind.

FRAGESPUREN

VIELE MENSCHEN MEINEN, SICH ANSTRENGEN zu müssen, um gut zu sein. Es gibt dem Menschsein aber nichts hinzuzufügen, sondern es geht darum, es in seiner Ganzheit erstrahlen zu lassen. Diese Ganzheit zu erkennen und zu würdigen, heilt die Beziehung zu sich selbst. Fragen Sie sich:

> ▶ Was erfreut mich, wenn ich mich selbst ansehe, und was lehne ich an mir und meinem Leben (noch) ab?
>
> ▶ Wo in meinem Leben habe ich mich von den Ansichten und Bewertungen anderer abhängig gemacht?
>
> ▶ Welche Gedanken, Gefühle, Bilder und Erinnerungen steigen auf, wenn ich mich frage: Wer bin ich?

TEIL II

INSPIRATIONSTEXT

ICH sehe dich. Ich *SEHE* dich. Ich sehe *DICH*.

ICH SEHE DICH, GELIEBTES KIND.

ICH sehe dich.

ICH sehe dich, wenn du dich für eine neue Weltenreise entscheidest. ICH sehe dich, wenn du deinen ersten Atemzug nimmst. ICH sehe dich, wenn du deinen letzten Atemzug gibst. Sei gewiss, ICH sehe dich.

Ich SEHE dich.

Ich SEHE dich, wenn du nicht danach fragst, ob jemand dich sieht. Ich SEHE dich, wenn du dich danach sehnst, gesehen zu werden. Ich SEHE dich, wenn du dich verbirgst, um nicht gesehen zu werden. Sei gewiss, ich SEHE dich.

Ich sehe DICH.

Ich sehe DICH, wenn du nicht weißt, wer du bist. Ich sehe DICH, wenn du von deiner Schönheit entzückt bist. Ich sehe DICH, wenn deine Erbärmlichkeit dich bedrückt. Sei gewiss, ich sehe DICH.

SIEHST DU MICH AUCH?

INNENSCHAU

ICH SEHE DICH! WELCH EINE ZUSAGE. Dieses Angebot lädt dazu ein, sich mit der eigenen Ganzheit zu befassen. Es gibt Raum, falsche Selbstbilder loszulassen und zu ergründen, was das eigene Selbstsein wirklich repräsentiert. Dazu gehört die Bereitschaft, sich selbst unverstellt anzusehen.

Nehmen Sie sich für diese Innenschau vor, alle Vorstellungen, die Sie sich von sich selbst gemacht haben oder die sich andere von Ihnen gemacht haben, außen vor zu lassen. Halten Sie sich ganz offen für neue Sichtweisen auf sich und Ihr Leben. Wählen Sie eine Körperhaltung, die es Ihnen erlaubt, sich bestmöglich zu entspannen. Schließen Sie die Augen und stellen Sie sich vor, Sie seien an einem Ort, an dem Sie sich geborgen fühlen. Das kann ein realer Ort sein oder einer aus Ihrer Fantasie. Genießen Sie das Gefühl, sich vollkommen sicher zu fühlen. Hier brauchen Sie nichts zu verbergen. Hier lehnt Sie niemand ab. Lassen Sie dieses Gefühl tiefer und tiefer in sich hineinsinken.

Jetzt stellen Sie sich vor, wie Sie eine Schale in Händen halten. Richten Sie Ihre Aufmerksamkeit auf diese Schale und legen Sie alles hinein, was Ihnen in den Sinn kommt. Dazu gehören alle (Selbst-)Bewertungen – positive wie negative – und auch Ansichten und Aussprüche anderer, die sich in Ihren Gedanken festgesetzt haben. Schauen Sie alles gelassen an, ohne etwas verändern zu wollen. Alles darf genau so sein, wie es jetzt gerade ist. Mehr noch: Sie dürfen genau so sein, wie Sie jetzt gerade sind. Nach einer Weile beobachten Sie, wie sich alles in der Schale in hellem Licht auflöst, bis diese schließlich ganz leer ist. Erlauben Sie dem Leben jetzt, Ihre Schale wieder aufzufüllen. Schauen Sie ohne Erwartungen zu, was geschieht. Wenn Sie etwas nicht verstehen, dann stellen Sie innerlich eine Frage dazu. Die Antwort wird kommen, augenblicklich oder später.

ZUSAMMENFASSUNG

EINE SPUR, UM SICH IN DER EIGENEN GANZHEIT erfahren zu können, besteht darin, sich selbst und die eigenen Lebensumstände zunächst anzusehen. ICH SEHE DICH ist eine Chance, um dieses manchmal schöne, manchmal unangenehme Hinsehen beherzt anzugehen und die Facetten des eigenen Seins bewusster wahrzunehmen. Letztenendes geht es darum, sich selbst bedingungslos zu lieben. Wer es versteht, sich erst einmal mit allen seinen schönen und weniger schönen Seiten auszusöhnen, legt den Kampf gegen sich selbst nieder. Liebevoll nimmt er an, was er nicht ändern kann, und verwandelt, was sich gestalten lässt.

Wenn Sie zu fragen beginnen »Wer bin ich heute?« und »Was hat mich zu dem Menschen gemacht, der ich jetzt bin?«, erkennen Sie, welche Themen sich wie ein roter Faden durch Ihr Leben ziehen. Wie Sie mit diesen Themen umgegangen sind, hat sich auf Ihren bisherigen Lebensverlauf ausgewirkt. Es hat dazu beigetragen, dass das Meisterwerk entstehen konnte, das Sie heute sind! Auch wenn es manche Ecken und Kanten an dem Kunstwerk Ihres Lebens geben sollte, die Ihnen nicht so gut gefallen, gehören auch diese derzeit zu Ihrer Ganzheit dazu. Akzeptieren Sie sie. Anschließend können Sie überprüfen, ob Sie bestimmte Eigenschaften verändern möchten. Sie haben die Schönheit des Lebens in sich und können sie jederzeit aufblühen lassen. Gehen Sie dabei auch mit Leichtigkeit vor. Fragen Sie sich:

- ▶ Was habe ich in der Innenschau von mir gesehen und gibt es ein passendes Angebot dazu (S. 94)?

- ▶ Welche Aspekte meines Daseins fühlen sich derzeit stimmig an und wo wünsche ich mir noch, zu heilen?

- ▶ Was tue ich jetzt, um mich weniger zu verstellen und stattdessen mehr zu zeigen, wer ich wirklich bin?

TEIL II

10 | »LEBENSENERGIE«

EINSTIMMUNG

SCHAUEN SIE SICH DIE UNTERSEITE Ihres Daumens an. Was sehen Sie? Sie sehen Einzigartigkeit! Ihr Fingerabdruck ist einzigartig. Es gibt keinen zweiten Menschen auf diesem Planeten, der genau den Fingerabdruck hat, den Sie gerade bestaunen. Ebenso wie Ihr Fingerabdruck ist auch alles andere, was zu Ihnen gehört, einmalig. Niemand sonst fühlt, denkt und handelt genau so, wie Sie es tun. Auch verfügt kein anderer über genau Ihre Fähigkeiten und könnte diese in exakt der Weise nutzen, wie Sie es tun. Sie haben ein einzigartiges POTENZIAL, das Sie entdecken und leidenschaftlich entfalten dürfen. Das ist ein Grund zu Dankbarkeit und Freude. Es ist eine Gabe an Sie.

Eine Gabe ist zuerst ein Privileg. Es ist ein Geschenk, das nicht verdient werden muss. Dass der Beschenkte die Gabe auch entgegennimmt, sie würdigt, sich dankbar zeigt und sie auspackt, liegt nicht mehr in der Hand des Schenkenden. Der Beschenkte entscheidet, wie er mit dem umgeht, was in seine Hände gelegt wurde. Jeder Mensch ist so ein Beschenkter. Das Leben hat jeden Einzelnen von uns mit Interessen, Fähigkeiten und Visionen beschenkt. In unsere Herzen hat es auch den Ruf gelegt, zu nutzen, was wir auf unsere Reise in diese Welt mitbekommen haben. Statt nach rechts und links zu schauen und zu vergleichen, welche Geschenke andere erhalten haben, dürfen wir unsere eigenen Gaben auspacken und sie zur Freude aller einsetzen. Wenn eine Gabe zur Aufgabe wird, weil wir sie annehmen und mit ihr unseren eigenen Auftrag in dieser Welt erfüllen, können wir tiefe Freude durch diese Arbeit erfahren. Es ist eine heilige Arbeit, weil sie nicht willkürlich vergeben und ausgeführt wird. Das Leben hat uns beauftragt! Es weiß genau, in wessen Hände welche Aufgaben gehören.

FRAGESPUREN

DEN INNEREN RUF ZU HÖREN UND IHM FOLGEN zu wollen ist die Voraussetzung dafür, dass Potenziale erweckt werden. Wenn tiefe Leidenschaft sich regt, dann wird die eigene Aufgabe keine Bürde, sondern eine Ehre sein. Kommen Sie auf die Spur Ihrer ureigenen Freude und fragen Sie sich:

> ▶ Was habe ich als Kind ganz besonders gern getan, ohne dass mich jemand dazu ermuntern musste?
>
> ▶ Bei welchen Tätigkeiten fühle ich mich heute so erfüllt und voller Freude, dass ich die Zeit vergesse?
>
> ▶ Wo vergleiche ich mich mit anderen und wie kann ich davon ablassen und üben, ganz bei *mir* zu sein?

TEIL II

INSPIRATIONSTEXT

ICH HATTE DIESEN GARTEN SCHON MEHRFACH besucht. Ich hatte ihn auf meinem Weg von hier nach dort durchquert. Ich hatte mich auf die alte, stabile Holzbank gesetzt und mein Gesicht von der Sonne bescheinen lassen. Ich hatte mit meinen Händen die Erde der Beete berührt, um sie von dem zu befreien, was die Menschen Unkraut nennen. Heute hatte ich mir vorgenommen, den Garten auf eine neue Weise zu betreten.

So langsam ich konnte, öffnete ich die Holzpforte und durchschritt sie. Augen, Ohren und Nase hielt ich weit geöffnet. Ich wollte alles wahrnehmen, was es wahrzunehmen gab. Vor allem aber wollte ich mich selbst dabei spüren. Jeden Schritt wollte ich ganz bewusst tun. Ich spürte Ferse und Ballen, wie sie in einer fließenden Bewegung des Abrollens dafür sorgten, dass ich Halt auf dem Untergrund fand. Ich fühlte, wie sich die Knie abwechselnd beugten und wieder streckten. Ich nahm wahr, wie die Muskeln meines Körpers den Takt von Anspannung und Entspannung aufnahmen. Meine Bewusstheit war gegenwärtig, mein Geist war klar, mein Herz war offen.

So schritt ich durch den Garten, mich ehrfürchtig vor der Schönheit der Schöpfung beugend, staunend die vielen Eindrücke des Momentes aufnehmend, andächtig der Heiligkeit des Naturreiches gegenüber.

Ich blieb vor einem alten Apfelbaum stehen. Es war die Zeit, in der er seine Früchte trug, und ich blickte ihn schweigend an, immer noch in meine Andacht versunken. Ich wollte etwas von der Weisheit erhaschen, die ich ihm zusprach. Er wüsste doch bestimmt etwas vom Wachsen und Gedeihen, vom Werden und Vergehen zu erzählen. Sicher wäre er dem Ursprung allen Lebens näher als ich selbst und ich könnte von ihm lernen. So stand ich vor ihm, den Blick auf seinen von Altersspuren und der Witterung gezeichneten Stamm und die jungfräulich heranwachsenden Äpfel gerichtet.

Ich wurde herausgerissen aus der Ernsthaftigkeit meines Anliegens und meiner ehrfürchtigen Haltung, als mir ein Gedanke kam. Ich fühlte, wie sich ein Lachen aus der Tiefe heraus den Weg durch meinen ganzen Körper bahnte. Ich prustete los und schüttelte mich, den Bauch haltend. Mein Zwerchfell zog sich zusammen und zwang mich dazu, meine ach so bewusst eingenommene aufrechte Haltung aufzugeben. Dahin war sie, die ganze Heiligkeit, um die ich mich so sehr bemüht hatte. Ich konnte mich kaum beruhigen und es dauerte eine ganze Weile, bis die Pausen zwischen den Lacheruptionen länger wurden.

»Wie wäre es«, das war der Gedanke, »wie wäre es, wenn ein Apfelbaum versuchen würde, eine Kartoffelpflanze zu sein?« Ich stellte mir vor, wie ein Apfelbaum seine ganze Lebensenergie dafür verwendet, zu werden wie eine Kartoffelpflanze. Dieser Gedanke war absurd und die Bilder, die in meinem Geist dazu aufstiegen, waren es nicht minder.

Und ich selbst? Wie oft hatte ich im Leben schon versucht, eine Art Kartoffelpflanze zu sein? Welche Anstrengungen hatte ich auf mich genommen, um so zu sein wie dieser oder jener Mensch, den ich bewunderte und dessen Leben mir um vieles erstrebenswerter erschien als mein eigenes? Was würde geschehen, wenn ich aufhörte, meine Lebensenergie dafür zu verschwenden, anders sein zu wollen, als ich bin? Was würde geschehen, wenn ich alles auf eine Karte setzte, und zwar auf meine eigene?

ICH BIN ICH.

UND WENN ICH VERSUCHE,

DU ZU SEIN,

DANN IST DAS, ALS VERSUCHTE

EIN APFELBAUM,

EINE KARTOFFELPLANZE ZU SEIN.

INNENSCHAU

***LEBENSENERGIE* BIETET AN, EINER TIEFEN FREUDE** nachzu-spüren, die sich einstellt, wenn ein einzigartiges Potenzial erwacht. Mit diesem Angebot lässt sich der Blick dafür sensibilisieren, was dazu beiträgt, dem inneren Ruf zu folgen, und was es erschwert oder gar verhindert, ihn auszuleben.

In dieser Innenschau geht es darum, die Bewegtheit des Lebens fließen zu lassen. Stellen Sie sich deshalb zunächst hin und bewegen Sie Ihren Körper. Er wird Ihnen zeigen, welche Bewegungen gerade passen und sich gut anfühlen. Vielleicht ist Ihnen danach, wild zu tanzen, vielleicht wiegen Sie sich sanft hin und her. Lassen Sie die Bewegungen einfach für eine Weile fließen, wie sie kommen.

Jetzt prüfen Sie, ob Sie in Bewegung bleiben oder eine Ruheposition einnehmen möchten. Richten Sie Ihre Aufmerksamkeit anschließend nach innen und beginnen Sie eine Reise durch Ihr Leben. Beginnen Sie bei einem Moment in Ihrer Kindheit. Nehmen Sie den ersten, der Ihnen in den Sinn kommt. Sehen Sie die Begebenheit aus der Perspektive eines Zuschauers, der interessiert einem Theaterstück beiwohnt. Nach einer Weile wechselt der Akt und eine neue Szene Ihres Lebens erscheint. Folgen Sie dem Theaterstück, ohne in die Dramaturgie einzugreifen. Beobachten Sie einfach, was geschieht. Wenn Szenen wechseln, gehen Sie mit. Es kann sein, dass das Theaterstück beendet ist, wenn Sie in der Gegenwart ankommen. Es ist aber auch möglich, dass es noch weitergeht und Ihnen Bilder einer Zukunft zeigt, die die Ihre sein könnte.

Sehen Sie sich selbst in diesem Theaterstück zu. Nehmen Sie wahr, was Sie machen, was Ihnen wichtig ist, wovon Sie träumen. Sie kommen Ihrem Potenzial dadurch immer genauer auf die Spur und werden sich darüber klar, was dazu beiträgt, dass Sie mitten im Puls des Lebens – *Ihres* Lebens! – sind.

ZUSAMMENFASSUNG

TEIL II

WENN SIE SICH DARAUF EINGELASSEN HABEN, Ihre eigene *LEBENSENRGIE* zu spüren und zu ergründen, ist das ein Grund zur Freude! Wir brauchen Meister des Lebens, die es verstehen, ihre eigene Individualität leidenschaftlich auszuleben. Wer den ihm anvertrauten Aufgaben tatkräftig nachgeht, wird seine Fähigkeiten bestmöglich nutzen und sein Können stetig erweitern. Herausforderungen werden für ihn zu Anlässen, um neue Chancen zu entdecken.

Mancher könnte fragen:»Ist das nicht egoistisch?« Nein, ganz und gar nicht. Es ist ein Liebesdienst! Je mehr Sie zu dem Menschen werden, der Sie wirklich sind, desto zufriedener werden Sie sein. Das stärkt Sie und macht Sie liebevoller auch anderen gegenüber. Sie wissen um Ihre Einzigartigkeit, ohne sich deswegen für etwas Besonderes zu halten. Darüber hinaus weiß keiner von uns ganz genau, wofür der eigene Einsatz bedeutsam ist. Uns sind schon viele Menschen vorausgegangen und es werden viele nach uns kommen. Als Einzelne sind wir ausgespannt zwischen Generationen von Menschen auf ihren *WEGEN ZUM ICH*. Was wir heute sind, hängt auch mit dem Erbe unserer Vorfahren zusammen. Wie sie gelebt haben und was sie uns lehrten, beeinflusst unser Leben. Was wir jetzt daraus machen und an andere weitergeben, hat wiederum Einfluss auf diejenigen, deren Leben wir berühren. Was wir säen, ernten auch andere. Wählen Sie deshalb weise, welche Samen Sie säen. Fragen Sie sich:

▶ Welche Meilensteine meines Lebens haben sich mir bei dem Theaterstück in dieser Innenschau gezeigt?

▶ In welchen Lebensbereichen hadere ich mit dem, was mich auszeichnet, und wie kann ich das ändern?

▶ Was tue ich ab jetzt, um mein einzigartiges Potenzial zu ehren, es weiterzuentwickeln und es einzusetzen?

11 | »DIE TORHEIT DES KREUZES«

EINSTIMMUNG

WANN HABEN SIE DAS LETZTE MAL etwas Verrücktes getan? Wodurch haben Sie ein neues Licht auf die Dinge geworfen, weil Sie etwas taten, das nicht »normal« war? Wann haben Sie sich zuletzt abseits der allgemeinen Erwartungen bewegt und damit zugelassen, dass sich Ihr innerer Rebell zeigen durfte? Der Rebell in uns steht radikal für unser Selbst ein, für unser unkonditioniertes Sein, mit dem wir einst das Licht der Welt erblickten. Er ist zugleich geradlinig und dynamisch. Durch seine geradlinige Klarheit sorgt er für Aufsehen. Durch seine dynamische Einsatzbereitschaft bringt er Veränderungen in Gang. Er unterstützt den permanenten Fluss aus Lebendigkeit, der sich von dem Einerlei festgefahrener Strukturen abhebt. Konsequent steht der innere Rebell für eine Liebe ein, die sich gegen Gefängnisse aus Konventionen, Dogmen und Glaubenssätzen verwehrt. Diese Liebe überwindet vermeintliche Grenzen und führt dadurch in die Freiheit.

Abseits dessen, was gemeinhin für »normal« gehalten wird, ist ein Pfad, der zu mehr Lebendigkeit und Erfüllung führen kann, wenn er konsequent und liebevoll verfolgt wird. Wer radikal liebt, wird erleben, wie sich eine pulsierende KRAFT in ihm befreit. Diese Kraft wird das eigene Leben bewegen und das Leben anderer inspirieren. Vielfalt wird nicht mehr als Bedrohung erkannt, sondern als eine Chance, um gemeinsam Neues entstehen zu lassen. Kleinmütigkeit hat hier keinen Platz mehr. Auf dieser Spur abseits der Normalität geht es nicht darum, Schwierigkeiten zu vermeiden. Vielmehr führt der Weg direkt auf sie zu, um sie endgültig aus dem Weg zu räumen, damit sie den natürlichen Fluss der Lebendigkeit nicht länger stören.

FRAGESPUREN

IN JEDEM AUGENBLICK BESTEHT DIE MÖGLICHKEIT, zwischen dem Weg der Schwäche und dem Weg der Kraft zu wählen. Wer sein Denken und Handeln von Angst beherrschen lässt, wählt den Weg der Schwäche. Wer dem Ruf der Liebe folgt, wählt den Weg der Kraft. Befragen Sie sich selbst:

> ▶ Was würde der Rebell in mir als Erstes tun, wenn ich ihm die Erlaubnis dazu gäbe, sich jetzt zu zeigen?
>
> ▶ Wo lege ich mir und anderen (noch) Beschränkungen auf, die lieblos sind und vom Weg der Kraft wegführen?
>
> ▶ In welchen Situationen habe ich schon einen starken Ruf der Liebe gehört und bin ihm auch gefolgt?

TEIL II

INSPIRATIONSTEXT

SICH IN DUNKELHEIT UND KÄLTE hineinzugebären, ganz und gar Mensch zu sein, die Schönheit des Lebens erstrahlen zu lassen, demütigen Dienst mit machtvoller Herrschaft zu vereinen,

DAS IST DIE TORHEIT DES KREUZES.[16]

---

16 Vgl. DIE BIBEL: 1. Korinther 1, 18.

Zu verändern, was festzustehen scheint, eine Niederlage als ein verkleidetes Geschenk zu erkennen, einen Glauben zu haben, der größer ist als ein Senfkorn, nichts aus sich selbst heraus zu tun,

DAS IST DIE TORHEIT DES KREUZES.

Sich mit dem Teufel zu unterhalten, zu säen, damit andere ernten können, übers Wasser zu gehen und Berge zu versetzen, Blinde zum Sehen und Lahme zum Gehen aufzufordern,

DAS IST DIE TORHEIT DES KREUZES.

Das Leben zu feiern, genau so, wie es ist, Freiheit zu leben, statt von ihr zu träumen, den Hunger durch Teilen zu stillen, Wasser in Wein zu verwandeln,

DAS IST DIE TORHEIT DES KREUZES.

Den Balken im eigenen Auge zu sehen, die Scheinheiligkeit des Religiösen zu entlarven, unter dem Damoklesschwert die Wahrheit zu sprechen, klug wie die Schlangen und ohne Falsch wie die Tauben zu sein,

DAS IST DIE TORHEIT DES KREUZES.

Mit Verrätern das Brot zu teilen, den Kelch anzunehmen und daraus zu trinken, einer Anklage würdevoll und still zu begegnen, sich verleugnen zu lassen, noch ehe der Hahn kräht,

DAS IST DIE TORHEIT DES KREUZES.

Das eigene Kreuz auf sich zu nehmen, die Arme liebend auszubreiten im Angesicht von Verachtung, sich an die Spottenden zu verschenken, Gott selbst zu fragen, warum er nicht mehr da ist,

DAS IST DIE TORHEIT DES KREUZES.

Den Tod willkommen zu heißen, das eigene Grab zu transformieren, immer und immer wieder aufzuerstehen, sich an die Heiligkeit des Höchsten zu erinnern,

DAS IST DIE TORHEIT DES KREUZES.

INNENSCHAU

DIE TORHEIT DES KREUZES IST EINE EINLADUNG zu einem radikal liebenden Tun. Das Angebot erinnert daran, dass die Kraft im Menschen dann erkennbar wird, wenn dieser sich für ein wagemutiges Leben entscheidet und aufbricht, um sich von unheilsamen Beschränkungen zu befreien.

Diese Zeit der Innenschau ist dem Rebellen in Ihnen gewidmet. Der Rebell hinterfragt Selbstverständlichkeiten und bahnt Wege, auf denen Neues entsteht. Wenn Sie mit diesem Anteil in Ihnen in Kontakt kommen, erkennen Sie, wie heilsam es sein kann, dem Rebellen Raum zu geben. Je vertrauter er Ihnen wird, desto weniger werden Sie sich ungewollt in Konventionen einfügen. Sie werden öfter etwas Unerwartetes tun, das in Ihrem Leben und im Leben anderer einen Unterschied macht, und zwar einen liebevollen! Ihr Rebell soll sich in seiner natürlichsten Form zeigen dürfen. Geben Sie ihm deshalb keine konkrete Körperhaltung vor. Vielleicht verspüren Sie zuerst den Wunsch, sich zu bewegen. Geben Sie diesem Impuls so lange nach, bis er abklingt. Dann nehmen Sie die Körperhaltung ein, die Ihnen als erste in den Sinn kommt. Gehen Sie nach innen und stellen Sie sich tiefste Schwärze vor. Wandern Sie mit Ihrer Aufmerksamkeit durch Ihren ganzen Körper. Die Dunkelheit ist Ihnen wie eine Liebende, die Sie zart mit Geborgenheit ausfüllt. Wenn Sie wachsam bleiben, dann wird sie sich zu gegebener Zeit und an der passenden Stelle für Sie öffnen. Erleben Sie, wie sich irgendwo in Ihrem Körper eine Farbenpracht ihren Weg durchs Dunkel bahnt. Vielleicht ist es ein Feuerwerk von Farben oder ein zarter Farbschleier. Die Farben erscheinen vielleicht einzeln oder gemischt. Vielleicht sind sie formlos oder nehmen Formen an. Es kann sein, dass die Farben schließlich zu Bildern und Emotionen werden. Schauen und fühlen Sie einfach hin!

ZUSAMMENFASSUNG

DIE TORHEIT DES KREUZES **ERINNERT DARAN,** dass das Handeln von Menschen nicht nur Privatsache ist. Tun und Unterlassen sind Schlüssel für ein selbstbestimmtes Leben von innen nach außen, das in der Welt manches bewegen kann. Profil zu zeigen, erfordert Klarheit sich selbst und anderen gegenüber. Wie leicht geschieht es doch, sich nicht offen zu zeigen, um unangenehmen Folgen auszuweichen. Wer es wagt, die eigenen Klarheiten konsequent auszuleben und dadurch sichtbar zu werden, erfährt nicht nur Rückenwind. Auch Unverständnis und Ablehnung wird er ernten. Diese Widerstände stellen ihn auf die Probe. Sie holen ans Licht, wie sehr die Liebe zu sich selbst und anderen schon in ihm gereift ist. Es mag nicht immer leicht sein, den Weg der Liebe zu gehen, aber es ist immer lohnenswert!

Wagen Sie den Blick auf den bedingungslos Liebenden in Ihnen! Erkennen Sie die erhabenste Version von sich selbst, die die Wahrheit der Liebe vertreten möchte, statt sich Äußerlichkeiten blindlings zu beugen. Machen Sie sich deutlich, wo in Ihrem Leben Sie diesem Liebenden schon Raum geben und wo Ihnen noch der Mut dazu fehlt. Erlauben Sie der Liebe, noch stärker Einzug in Ihr Leben zu halten, um Ihre persönliche Entfaltung dynamisch voranzubringen. Sie wird Sie immer wieder dazu auffordern, Ihre Kraft lebendig werden zu lassen und Sie für sich selbst und zum Wohle anderer beherzt einzusetzen. Fragen Sie sich:

> ▶ Welche Farben haben sich an welcher Stelle in mir gezeigt und worauf könnte mich das hinweisen?
>
> ▶ In welchen Lebensbereichen fühle ich einen Stillstand und wie kann ich hier für Bewegung sorgen?
>
> ▶ Wo ruft mich die Liebe dazu auf, mich noch stärker für mich selbst und auch für andere einzusetzen?

12 | »FREIHEIT«

EINSTIMMUNG

ES IST EIN PRIVILEG, ETWA ÜBER WOHNORT, Familienstand, Arbeit und religiöse Zugehörigkeit selbst entscheiden zu dürfen. Äußere Freiheiten wie diese geben uns den Raum, zu gestalten. Wir können eine eigene Vision von unserem Leben entwerfen *und* uns dafür einsetzen, dass sie sich verwirklichen kann. Die Maßstäbe, nach denen wir unser Leben gestalten, sind so vielfältig wie wir Menschen selbst. Einerseits spielen unsere Interessen und Wünsche eine Rolle. Was der eine erreichen möchte, mag für den anderen weniger bedeutsam sein. Andererseits bringen wir unterschiedliche persönliche Merkmale mit. Was dem einen leicht und mit Freude von der Hand geht, bringt den anderen an die Grenzen seiner Möglichkeiten.

Eine Schnittstelle zwischen einer Traumvorstellung, die Fantasie bleibt, und einem Lebensentwurf, der sich verwirklicht, bildet *AUTHENTIZITÄT*. Durch sie kann es gelingen, Schritt für Schritt in ein Leben hineinzuwachsen, das mit dem übereinstimmt, wer wir sind und was uns wirklich wichtig ist. Dazu gehört es, die eigenen Werte zu kennen und den Mut zu haben, sie auch sichtbar werden zu lassen. Ein authentischer Mensch hat für sich die Wahl getroffen, das Profil seiner Persönlichkeit zu zeigen. Statt sich unwirklichen Wunschvorstellungen unterzuordnen, die nicht zu ihm passen, ist er aufrichtig. Seine Integrität wird erkennbar, weil Denken, Sprechen und Handeln mit seinen wichtigsten Werten übereinstimmen. Er übernimmt Selbstverantwortung, um sein wirkliches Leben immer mehr an die Vision anzunähern, die er von sich als einer freien Person hat. Das Privileg, Verantwortung für sich zu übernehmen, wird ihm dabei zum natürlichen Selbstausdruck. Er folgt seinem inneren Ruf mit Freude!

FRAGESPUREN

OB EIN MENSCH WIRKLICH FREI IST, hängt nur zu einem Teil von äußeren Bedingungen ab. Die Voraussetzung dafür, äußere Freiheiten zu nutzen, ist innere Freiheit. Sie gründet auf ehrlicher Selbstbetrachtung und der Bereitschaft, das eigene Selbstsein authentisch zu zeigen. Fragen Sie sich:

> ▶ Wann fühlte ich mich in meinem bisherigen Leben vollkommen frei und was hat dazu beigetragen?
>
> ▶ Welche Gefühle steigen in mir auf, wenn ich mir vorstelle, konsequent zu zeigen, wer ich wirklich bin?
>
> ▶ Welche Folgen versuche ich zu vermeiden, wenn ich mich verstelle, und warum bereiten diese mir Sorgen?

TEIL II

INSPIRATIONSTEXT

SIE STAND NUN SCHON EINE GANZE WEILE vor dem Bild und betrachtete es. Sie mochte es nicht. Sie mochte es einfach nicht. Es war irgendwie anders als die anderen Bilder der Ausstellung, die vor Farben und Symbolik nur so leuchten, die sie inspirierten, ihr Hoffnung und Freude schenkten. Aber dieses Bild … Sie wusste einfach nicht, was sie damit anfangen sollte. Was hatte sich der Künstler wohl dabei gedacht?

»Mögen Sie dieses Bild?« Eine Stimme unterbrach den

Strom ihrer Gedanken. »Nein«, sagte sie, ohne zu zögern, »ich mag es nicht. Die anderen Bilder der Ausstellung leuchten nur so vor Farben und Symbolik. Sie inspirieren mich, schenken mir Hoffnung und Freude. Aber ich weiß einfach nicht, was ich mit diesem Bild anfangen soll. Was sich der Künstler wohl dabei gedacht hat.« – »Oh«, sagte der Mann, der inzwischen mit ihr gemeinsam auf das Bild blickte, »wenn Sie es möchten, erzähle ich Ihnen sehr gern, was ich mir dabei gedacht habe.« Sie zuckte zusammen. Er vernahm ihre Unsicherheit, schenkte ihr ein freundliches Lächeln und holte sich ihre stillschweigende Zustimmung ein, weiterreden zu dürfen.

»Dieses Bild trägt den Titel ›Freiheit‹. Viele von uns Menschen glauben, dass die Freiheit etwas Großartiges, Buntes ist, das weit in der Ferne liegt. Manche von uns meinen, dass sie in den ›Kampf um die Freiheit‹ ziehen müssten, als wäre gerade Freiheit darauf angewiesen, erst noch befreit zu werden. Andere erzählen sich Geschichten darüber, was sie alles tun werden, wenn sie endlich frei sind; beispielsweise dann, wenn sie ihre Volljährigkeit oder später ihren Ruhestand erreicht haben.

Die einen wie die anderen verkennen, dass die Freiheit nicht im Großen, Bunten, Entfernten zu finden ist, sondern im ganz Einfachen, Schlichten, ja in dem Unauffälligen, das uns gerade jetzt und hier umgibt. Wir sind es, die der Freiheit mit unseren Worten und Taten erlauben oder versagen, sich auszudrücken. Wir transformieren die Enge unseres eigenen Seins, wenn wir nicht auf die große Freiheit warten, sondern mutiger darin werden, die kleinen Freiheiten zu leben, ohne uns von Angst regieren zu lassen. Sie haben sich gerade die Freiheit genommen, auszusprechen, dass Sie dieses Bild nicht mögen. Dadurch haben Sie mir die Ehre erwiesen, mir aufrichtig zu sagen, was Sie wirklich denken. Hätten Sie mich wohl auch so wahrhaftig an Ihren Gedanken teilhaben lassen, wenn Sie vorher gewusst hätten, dass es durch mich geschaffen wurde?«

Die Frage floss in ein Schweigen hinein, das sie beide umgab, als sie noch eine Weile gemeinsam das Bild ansahen. Schließlich durchbrach er die Stille, als er sagte: »Ich liebe dieses Bild. Es hat Sie zu einem Moment der Freiheit inspiriert und ich durfte Zeuge davon werden. Es hat sich also sehr gelohnt, es zu malen und ich danke Ihnen für Ihre Aufrichtigkeit.« Er legte seine Handflächen vor seiner Brust zusammen, deutete eine leichte Verbeugung an und überließ sie wieder ihrer Freiheit.

TEIL II

INNENSCHAU

DIE BEGEGNUNG MIT *FREIHEIT* FINDET zwischen dem Sehnen nach wahrhaftiger innerer wie äußerer Freiheit und den alltäglichen und außeralltäglichen Unfreiheiten statt. Das Angebot lädt ein, sich selbst nach Authentizität zu fragen und zu einer eigenen Vision von Freiheit zu gelangen.

Bevor Sie in die Innenschau gehen, zeigen Sie sich! Nehmen Sie die Haltung der Figur auf dem Bild ein. Stehen Sie aufrecht, mit Ihren Füßen im festen Kontakt zum Boden. Strecken Sie die geraden Arme seitlich vom Körper leicht erhöht ab, mit den Handflächen nach oben, und spüren Sie in diese Haltung – körperlich und emotional – hinein. Vielleicht nehmen Sie wahr, wie sich der Brustkorb weitet und Sie freier atmen können. Möglicherweise zeigen sich auch Spannungen, weil Sie einen ungewohnten Zug auf Ihre Muskeln ausüben. Machen Sie sich bewusst, dass die äußere Haltung Ihres Körpers auch mit der inneren Haltung Ihres Geistes zusammenhängt – und umgekehrt. Wenn Sie sich innerlich wie äußerlich aufrichten, sind Sie sichtbar.

Nehmen Sie jetzt eine Haltung Ihrer Wahl ein, um noch tiefer nach innen zu gehen. Schließen Sie Ihre Augen und sehen Sie sich selbst als eine Figur in der Haltung, die Sie vorhin eingenommen haben. Bleiben Sie äußerer Betrachter. Nehmen Sie wahr, wie der Boden unter den Füßen der Figur aussieht, was über ihr ist und was sie umgibt. Tun Sie nichts weiter, als diese Figur zu beobachten. Vielleicht wird sie nach einiger Zeit ihre Arme senken und anfangen, sich zu bewegen. Sollte sie den Ort wechseln, folgen Sie ihr. Lassen Sie sich von ihr zeigen, wohin sie Sie führen möchte. Möglicherweise kommen Bilder auf, die Ihnen Freiheiten und Unfreiheiten in Ihrem Leben vor Augen führen. Vielleicht zeigt Ihnen die Figur auch, wie Ihr Leben aussehen könnte, wenn Sie sich öfter in Ihrer freiesten Version zeigen.

ZUSAMMENFASSUNG

EIN FREIES DASEIN GEHÖRT ZUR WÜRDE des Menschen. Diese Würde ist unantastbar. Jedem steht das Recht zu, seine *FREIHEIT* so auszuleben, wie er es wünscht. Damit geht zugleich die Pflicht einher, seine eigene persönliche Freiheit dort zu begrenzen, wo die persönliche Freiheit eines anderen beginnt. Wenn Menschen dieser Pflicht nicht nachkommen, verlieren sie ihre Freiheit. Sich darüber bewusst zu sein, dass Freiheit und Verantwortung Geschwister sind, bereitet den Boden für die dauerhafte Freiheit aller.

Vielleicht haben Sie sich in dieser Innenschau im Bild der Freiheit gesehen. Vielleicht haben Sie einen inneren Ruf zu einem Leben vernommen, das noch besser zu Ihnen passt. Und vielleicht haben Sie sich dann auch gefragt, wie weit Sie es sich selbst erlauben können und möchten, Ihre persönliche Freiheit tatsächlich auszuleben. Tanzen Sie den Tanz zwischen Freiheit und Verantwortung authentisch, damit Ihre freieste Version von sich selbst kein Wunschtraum bleibt, sondern Realität wird. Klären Sie, von welchen Unfreiheiten Sie sich noch festhalten lassen, und verabschieden Sie diese. Ihr alltägliches Leben bietet Ihnen zahlreiche Gelegenheiten, um Ihre Freiheit durch integres und verantwortungsbewusstes Handeln zu zeigen. Schritt für Schritt können Sie sich zu einem Menschen entwickeln, dessen Leben immer stimmiger wird. Fragen Sie sich:

TEIL II

> ▶ Wenn ich vollkommen aufrichtig mit mir selbst spräche, was würde ich mir sagen? (Schreiben Sie einen Dialog.)
>
> ▶ Wie kann ich mich stärken, um immer öfter meiner Freiheit Raum zu geben, statt mich zu beschränken?
>
> ▶ Wie übernehme ich meine Verantwortung so, dass sich dadurch auch die Freiheit anderer erweitert?

13 | »MEIN SEELENFELD«

EINSTIMMUNG

DAS FELD DER SEELE IST BUNT UND MANNIGFALTIG. Hier gibt es so vieles zu ergründen, was von außen nicht sichtbar ist. Es ist ein innerer Kraftort, der zur jeder Zeit Zuflucht bietet. An diesem Ort kann das Ich sich selbst begegnen. In dieser zutiefst intimen Begegnung ist das Ich zugleich Lernender und Lehrer. Diese Selbstbeziehung ist eine heilige Allianz. Sie ist von der Leichtigkeit und Unbefangenheit eines Kindes gezeichnet, das offenen Geistes erforscht, was es zu entdecken gibt. Die Prächtigkeit der inneren Landschaft zeigt sich auf dieser Forschungsreise in immer neuer Weise. Das Gefühl von Vertrautheit hält sich hingegen durch alle Veränderungen hindurch stabil, weil sich das Wesen des Kraftortes nicht verändert. Seine Essenz ist immer die gleiche: Es ist die Heimat des ureigensten und unveränderlichen Ichs.

In Kontakt mit dem eigenen Ich zu kommen und zu bleiben, schenkt GEBORGENHEIT. Es ist die Rückverbindung zur eigenen Herkunft aus dem Namenlosen. Die Geborgenheit, die sich von diesem Kraftort im Inneren her speist, kann innere und äußere Gegebenheiten miteinander harmonisieren. Geborgenheit vermag es, die vielfältigen Töne des Lebens einzufangen und ihre Unterschiedlichkeit als Stoff für eine majestätische Symphonie zu nutzen. Sie stellt die Töne melodisch zu einem Klangteppich zusammen, der sich fortwährend neu dem Lauf der Dinge anpasst, ohne sich darin aufzulösen. Vielmehr trägt er die Innerlichkeit des Menschen und bestärkt diesen darin, sein inneres wie äußeres Leben zu meistern. Wer den Zugang zu diesem inneren Kraftort für sich gefunden hat, kennt einen Ort, den er jederzeit aufsuchen kann, um Ruhe zu finden, zu heilen, sich selbst zu stärken und neu auszurichten.

FRAGESPUREN

EINZELNE TÖNE DES LEBENS KÖNNEN im eigenen Inneren so miteinander in Harmonie gebracht werden, dass sie eine Einheit bilden und Geborgenheit erlebbar machen. Das ist wie bei einem Orchester, in dem verschiedene Instrumente meisterhaft zusammenspielen. Fragen Sie sich:

> ▶ In welchen Lebenssituationen fühlte ich mich geborgen und was genau hat mir Geborgenheit geschenkt?
>
> ▶ Welche Aspekte meines Lebens müssten noch stärker in Einklang sein, damit ich Harmonie empfinde?
>
> ▶ Was habe ich bisher gemacht, um mich wieder zu stabilisieren, wenn ich aus der Balance geraten bin?

TEIL III

INSPIRATIONSTEXT

ES WAR WIEDER SAMSTAG. Magda freute sich immer auf den Morgen dieses Tages. Wenn der große Zeiger auf der Zwölf stand und der kleine Zeiger auf der Sieben, dann durfte sie zu ihrer Mutter ins Bett krabbeln. Sie schaute gebannt auf die tickende Kinderuhr auf ihrem Nachttisch. Jetzt war es so weit.

So laut sie konnte, rief sie: »Ich komme!«, schlug die Bettdecke zurück und rannte über den Flur zum Schlafzimmer ihrer Mutter. Sie klopfte an, öffnete die Tür und schlüpfte unter die Bettdecke. Ihre Mutter brauchte immer etwas länger als sie selbst, um aufzuwachen, aber das kannte Magda schon. Dann richteten sich beide auf, machten einen Trommelwirbel auf dem Kopfkissen und sangen »Guten Morgen, Magda! Guten Morgen, Mama! Guten Morgen, Papa! Guten Morgen, Gott!«. Sie schmissen lachend die Arme in die Höhe und ließen sich rücklings zurück aufs Bett fallen. Sie kuschelten sich eng aneinander. Magda liebte dieses Ritual, auch wenn sie sich wunderte, warum ihrer Mutter danach manchmal wieder die Augen zufielen.

»Du, Mama«, sagte Magda. – »Ja?« – »Mit Felix und mir war das gestern ganz komisch.« – »Was war komisch?«, fragte ihre Mutter. – »Felix hat behauptet, dass er nicht betet, und ich habe gesagt, dass ich ihm das nicht glaube.« – »Warum kannst du ihm nicht glauben, dass er nicht betet?«

»Beten ist doch nichts weiter, als mit Gott zu reden, oder?« – »Ja, ein Gebet ist ein Gespräch mit Gott.« – »Siehst du! Und wenn er behauptet, dass er nicht betet, dann heißt das, dass er nicht redet. Und glaub mir, Mama, der Felix redet ganz schön viel.« – »Ja, aber vielleicht redet Felix eben nicht mit Gott.« – »Das geht aber nicht.« – »Warum geht das nicht?«

»Sieh mal, wenn ich mich freue, dann sage ich Gott, dass ich mich freue, und manchmal tanze ich sogar mit ihm. Wenn ich traurig bin, dann sage ich Gott, dass ich traurig bin, und manchmal weine ich auch. Als Papa gestorben ist, war ich einmal so wütend, dass ich Gott angeschrien habe, und ich habe sogar das Wort mit ›A‹ benutzt. Eigentlich muss ich Gott aber gar nicht sagen, wie es mir geht. Das weiß er schon von ganz allein. Du siehst ja auch, wenn ich geweint habe oder wenn ich mich freue. Das muss ich dir dann gar nicht extra erzählen. Der Felix freut sich auch und er ist auch traurig und Schimpfworte kann er auch. Also redet er mit Gott und sagt es Gott einfach nur nicht direkt.«

Magda machte eine kurze Pause in ihrem Redestrom. Dann sagte sie:»Weißt du, Mama, vielleicht erzähle ich dem Felix einmal von diesem großen Feld, zu dem ich manchmal gehe, wenn ich eigentlich schon schlafen soll.« – »Was ist das für ein Feld?«, wollte ihre Mutter wissen.

Magda schloss ihre Augen und ihre Stimme wurde weich. »Ich mache die Augen zu und dann gehe ich durch einen langen Tunnel. Am Anfang war mir das ein bisschen unheimlich, weil der Weg so dunkel ist. Dann komme ich zu einer Tür, und wenn ich dort hindurchgehe, stehe ich auf einem riesigen Feld. Da gibt es nichts weiter als viele bunte Farben. Und es fühlt sich wunderbar an, dort zu sein. Da ist keiner außer mir und trotzdem fühle ich mich dort niemals allein.

Dort kann ich laut reden, singen, tanzen, weinen und schimpfen, und ich weiß, dass mir jemand zuhört, obwohl ich keinen sehe. Aber es ist ganz anders, als wenn mir andere Kinder oder Erwachsene zuhören. Es ist mir gar nicht komisch dabei oder so. Und manchmal sehe ich dann doch auf einmal jemanden und mit dem kann ich dann auch sprechen, lachen, tanzen und singen. Wer weiß, wenn der Felix auch mal zu diesem Feld geht, vielleicht würde er dann nicht mehr sagen, dass er nicht betet.«

INNENSCHAU

DAS ANGEBOT *MEIN SEELENFELD* verschafft Zutritt zu einem intimen Ort der inneren Geborgenheit. Wer diesen Ort in sich selbst entdeckt hat, kann sich hier beheimaten. Hierher kann er kommen, um aufzutanken und sein inneres und äußeres Selbstsein wieder in Harmonie zu bringen.

Wie wir zu diesem Ort gelangen, kann sehr unterschiedlich sein. Eine Anregung für Sie hat die kleine Magda schon gegeben und ihr ist kaum etwas hinzuzufügen: »Ich mache die Augen zu und dann gehe ich durch einen langen Tunnel. […] Dann komme ich zu einer Tür, und wenn ich dort hindurchgehe, stehe ich auf einem riesigen Feld. Da gibt es nichts weiter als viele bunte Farben. Und es fühlt sich wunderbar an, dort zu sein. Da ist keiner außer mir und trotzdem fühle ich mich dort niemals allein. Dort kann ich laut reden, singen, tanzen, weinen und schimpfen, und ich weiß, dass mir jemand zuhört, obwohl ich keinen sehe.«

Wenn Sie sich auf diese Reise einlassen, dann werden Sie Ihr Seelenfeld wie einen Kokon erleben, der Ihren innersten Wesenskern schützend umgibt. Hier erfahren Sie tiefste Geborgenheit und kommen mit sich selbst in einen stärkenden Kontakt. Nicht nur die Zugänge zu diesem Ort sind vielfältig, sondern auch die Landschaften und inneren Räume, die sich dort vorfinden lassen. Manche erleben sie formlos, andere sehen konkrete Bilder. Auch kann sich die innere Landschaft (im Laufe eines Lebens) verändern und andere Formen annehmen. Haben Sie Vertrauen, dass nicht das Aussehen der inneren Gefilde entscheidend ist, sondern wie Sie sie erleben. Entdecken Sie Ihr Seelenfeld für sich als einen Ort der Zuflucht, an dem Sie jederzeit willkommen und geliebt sind. Hier können Sie sich stärken und sich fest in sich selbst gründen, um wieder mit neuer Kraft zurück in Ihr äußeres Leben zu gehen.

ZUSAMMENFASSUNG

MEIN SEELENFELD HAT SIE zu einer Reise in Ihr inneres Königreich eingeladen, in dem Sie Geborgenheit und Stärkung erfahren können. An diesem inneren Rückzugsort gibt es keine Erwartungen an Sie. Hier können Sie einfach im gegenwärtigen Moment präsent sein, sich auf das einlassen, was sich zeigt, und in sich selbst zur Ruhe kommen.

TEIL II

Wenn Sie sich auf eine Innenschau mit diesem Angebot eingelassen haben, dann haben Sie sich auch eines machtvollen Werkzeugs bedient. Es bietet Ihnen an, zu erkennen, wie es um Ihre Beziehung mit sich selbst steht. Ihr innerer Raum, Ihr Seelenfeld, bildet ab, wie es in Ihnen aussieht und was Ihnen wichtig ist. Haben Sie sich einen Palast mit kostbaren Verzierungen und Reichtümern gebaut? Finden Sie sich in einer einfachen Hütte wieder, in der alles wohlgeordnet an seinem Platz ist? Gibt es überhaupt Mauern an Ihrem inneren Ort? Oder ist es ein weites Feld, dessen Ende nicht sichtbar ist? Wie sieht dieser heilige Kraftort in Ihnen aus? Ihr Seelenfeld bietet Ihnen in Zeiten der Einsamkeit Zuflucht, ebenso wie es Sie im Trubel des Alltags stärken kann, wenn Sie lernen, immer öfter mit ihm in Verbindung zu sein. Ihr Seelenfeld ist ein intimes Areal, in dem Sie Ihre Innerlichkeit mit sich selbst teilen können. Wenn Sie sich hier ehrlich begegnen, werden Sie auch wahrnehmen, wenn Veränderungen in Ihrer Selbstbeziehung oder in Beziehungen zu anderen anstehen. Fragen Sie sich:

> ► Wie sieht mein Seelenfeld genau aus? (Detailgenaue Beschreibung des Ortes durch Worte oder Bilder)
>
> ► Was schenkt mir hier Geborgenheit und was war mir unbekannt und lädt zu weiteren Entdeckungen ein?
>
> ► Wie gelange ich mit Leichtigkeit zu meinem Seelenfeld, um mich augenblicklich auf mich zu besinnen?

14 | »AM OSTERMORGEN«

EINSTIMMUNG

ES GIBT EINE STILLE, DIE NICHT VON DIESER WELT zu sein scheint. Überall, wo sie erkannt wird, verschenkt sie sich selbst. Sie besänftigt den aufgewühlten Geist. Sie lässt *RUHE* in verzagte Herzen einziehen. Sie stiftet Frieden zwischen Menschen, die uneins sind. Diese Stille ist unerschütterlich. Selbst von Lärm und Trubel lässt sie sich nicht verscheuchen. Ganz zart, kaum wahrnehmbar und gerade dadurch machtvoll bleibt sie im Hintergrund bestehen. Sie trägt den Geschmack von Unendlichkeit in sich.

Aus dieser Stille gebiert sich tiefer Frieden. Es ist ein Friede, der sich nicht begreifen lässt. Auch er bewahrt sich seine Unantastbarkeit. Dieser Friede lässt nicht zu, dass ein aufgebrachter Geist, hochwallende Emotionen oder bedrückende Sorgen ihn übermannen. Er steht über aller Furcht und weiß von keiner Bedrohung, weil er sich der Unendlichkeit allen Seins bewusst ist. Dieser Friede lädt uns dazu ein, uns von seiner Furchtlosigkeit durchdringen zu lassen. Dazu bittet er die Stille, seine Vermittlerin zu sein. Sie soll uns ausrichten, dass es keinen Grund zur Furcht gibt. Furcht gründet auf dem Missverständnis, dass das Leben endlich ist. Das ist eine Illusion. Das Leben ist unsterblich. Es wechselt lediglich seine Form. Die Natur weiß das. Damit aus dem Samen eine Blume werden kann, muss der Same seine ursprüngliche Form aufgeben. Er verschenkt sich hinein in eine neue Lebensform, und zwar in die der Blume. Eine Zeit lang entfaltet dann die Blume ihre Blütenpracht, bis auch sie von ihrer Gestalt ablässt und zurück in den Kreislauf des formlosen Lebens eingeht, um wieder eine neue Form anzunehmen. Wer sich bewusst ist, dass das Leben niemals stirbt, sondern nur seine Form wechselt, wird tiefen Frieden erleben, weil er um seine eigene Unsterblichkeit weiß.

FRAGESPUREN

STILLE IST EIN TOR ZUM FRIEDEN. Sie hilft dabei, präsent zu sein, und verschafft innere Ruhe. Es ist erlernbar, durch alles hindurch zu dieser Stille vorzudringen, die hinter allem liegt. Sie hilft dabei, mit sich selbst und dem gegenwärtigen Augenblick im Reinen zu sein. Fragen Sie sich:

> ▶ An welche Momente der absoluten Stille kann ich mich erinnern und wie habe ich mich dabei gefühlt?
>
> ▶ Welche Bedeutung habe ich der Stille in meinem bisherigen Leben und in meinem Alltag beigemessen?
>
> ▶ Was wäre in meinem Leben anders als heute, wenn mir Furcht und Angst vollständig unbekannt wären?

INSPIRATIONSTEXT

Kennst du diese Stille?

WEISST DU VON IHR, die sie sich über alle Sinne legt und alles Klagen und Fragen beendet? Hast du diese Stille erlebt, die einen Kokon von Wachheit um dich herum aufspannt? Hörtest du diese Stille schon einmal lautlos zu dir sagen: »Fürchte dich nicht!«?

Das ist die Stille des Ostermorgens.

SIE ZEIGT DIR AN, dass das Suchen beendet ist und du nun findest. Du erlebst die Gnade der Erlösung aus den Gräbern, die du dir selbst geschaufelt hast. Dies ist der Weg in eine neue Freiheit.

Finde den Ostermorgen in dir.

SEI OFFEN FÜR DEN ORT und die Zeit deiner Auferstehung. Lasst dich beschenken von der Weisheit dieser Stille, die dir den Weg weist. Gib dich hin an ein neues Leben, das tot geglaubt war und doch lebendig ist.

»FÜRCHTE DICH NICHT.«

INNENSCHAU

DIE STILLE, DIE AM OSTERMORGEN präsent war, ist jederzeit erfahrbar. Das Angebot ist ein Tor zu einer Ruhe, die ein tiefes Gefühl von Frieden vermitteln kann. Es erinnert daran, dass hinter allem, was Anlass zur Sorge bietet, noch eine Stille liegt, die von jeder Unruhe unberührt bleibt.

Um echte, tiefe Stille zu erfahren, bietet sich eine Körperhaltung an, in der Sie die Zeit der Innenschau über möglichst regungslos verweilen können. Richten Sie Ihre Aufmerksamkeit nach innen. Es ist empfehlenswert, sich einmal – lediglich kurz – auf jeden Bereich des Körpers zu konzentrieren und hier für Entspannung zu sorgen. Fühlen Sie in einen Teil Ihres Körpers hinein und sagen Sie innerlich: »Lass los!« Gehen Sie dann zum nächsten Bereich über und geben Sie wieder den Impuls, loszulassen. Dadurch lockern Sie Ihren ganzen Körper. Sie geben sich selbst das Signal, sich nun vertrauensvoll einlassen zu können. Anschließend konzentrieren Sie sich auf die Stille. Dabei ist es unerheblich, ob um Sie herum Geräusche zu hören sind oder nicht. Versuchen Sie, so zu lauschen, dass Sie durch die Geräusche hindurch zu der Stille vordringen, die hinter allem liegt. Verweilen Sie, so lange wie möglich bei ihr. Wenn zwischenzeitlich Gedanken auftauchen, durch die Sie den Kontakt zur Stille verlieren, konzentrieren Sie sich einfach erneut auf sie. Finden Sie die Stille wieder! Vielleicht ist sie einfach »nur« da. Vielleicht beginnt sie nach einer Weile, mit Ihnen zu »sprechen«.

Erinnern Sie sich im Tagesverlauf mehrmals an diese Stille. Dazu können Sie während Ihrer alltäglichen Aktivitäten immer wieder kurz innehalten. Sie unterbrechen sich in dem, was Sie gerade tun, und richten Ihre Aufmerksamkeit auf die Stille. Sie ist immer da! Hören Sie hin. Mit etwas Übung können Sie sie bald auch hinter allem Lärm hören.

ZUSAMMENFASSUNG

WER SICH AUF DAS ANGEBOT *AM OSTERMORGEN* einlässt, wagt sich in einen Bereich unseres Daseins hinein, der vielen Menschen Unbehagen bereitet. Stille will ausgehalten werden. Während wir es gewohnt sind, permanent beschäftigt zu sein, ist Stille sich selbst genug. Sie lässt sich in ihrer ganzen Erhabenheit auch nur dann erleben, wenn wir sie nicht unterbrechen. Das bedeutet, dass wir damit aufhören müssen, zu kommentieren und zu beurteilen. Dazu gehört es auch, voll und ganz im gegenwärtigen Augenblick präsent zu sein, statt sich mit Vergangenheit und Zukunft zu befassen. Die Kostbarkeit der Stille offenbart sich uns erst, wenn wir wach hinhören, und zwar *jetzt*.

Die Stille kann Ihnen zu einer treuen Begleiterin werden, die Sie unermüdlich daran erinnert, dass es keinen Grund zur Furcht gibt. Sie reicht Ihnen liebevoll ihre Hand und lädt Sie dazu ein, Ihr Vertrauen in den Lauf der Dinge so lange zu vertiefen, bis die Angst vergangen ist. Je weniger Sie sich von Furcht beherrschen lassen, desto mehr Raum entsteht für Ruhe und Frieden in Ihnen. Wenn Sie innerlich friedvoll sind, wird dieser Friede auch in Ihrem äußeren Leben sichtbar. Veränderungen, die bisher für Sie besorgniserregend gewesen sind, sehen Sie in einem anderen Licht. Diese werden zu Chancen, um in Unbekanntes aufzubrechen und dadurch immer wieder in neue Lebensformen aufzuerstehen. Stellen Sie sich folgende Fragen:

► Wodurch erinnere ich mich ab jetzt in meinem Alltag daran, für kurze Momente der Stille innezuhalten?

► Wie übe ich, noch wacher in der Gegenwart zu sein, und mich voll auf diesen Moment zu konzentrieren?

► Welche Methode eigne ich mir an, um in Momenten der Furcht schnell zu innerer Ruhe zurückzufinden?

TEIL II

15 | »EINFACHE WEIHNACHT«

EINSTIMMUNG

STELLEN SIE SICH EIN KLEINES SCHUTZBEDÜRFTIGES Kind vor, das in einem kalten, dunklen Stall zur Welt kommt. Es ist in Armut hineingeboren und darauf angewiesen, umsorgt und behütet zu werden. Alles, was es aus sich selbst kann, ist, sich dem Menschsein mit all seinen Seiten hinzugeben. Nicht mehr und nicht weniger als das. Von diesem Kind lässt sich Einfachheit lernen.

Die Würde des einfachen Menschseins gerät in einer Welt, in der vor allem Erfolg und Ansehen zählen, allzu schnell aus dem Blickfeld. Es entsteht die Annahme, erst dann wirklich wertvoll zu sein, wenn es gelungen ist, eigenen oder fremden Zielen und Ansprüchen zu genügen. Der Kontakt zu sich selbst geht verloren, wodurch Stress und in der Folge Angst entstehen. Um sich vor Angriffen zu schützen, werden Rüstungen, Schwerter und Schilder angelegt. Nähe kann hier nicht entstehen, weil sich kaum jemand wirklich aus der Deckung wagt und sich nahbar zeigt.

In so einer Welt des Kampfes wirkt es fast unwirklich und wohltuend zugleich, einen einfachen Menschen anzutreffen, der auf eine liebevolle Begegnung aus ist, statt auf gegenseitige Erniedrigung. Ein solcher Mensch hat seine Waffen niedergelegt. Er hat die ERKENNTNIS gewonnen, dass es mit Stress verbunden ist, etwas aus sich selbst machen zu wollen. Er hat die Wahl getroffen, sich als ein Werkzeug des Lebens an die Welt zu verschenken. Dabei ist er nicht passiv und untätig. Er geht auf seinen Wegen mit wachen Augen, tut, was zu tun ist, und unterlässt, was dem Leben nicht dient. Auch er hat ein Ziel: Er leistet seinen Beitrag, damit sich der Funke Gottes in ihm zu einem lodernden Feuer entfachen kann.

FRAGESPUREN

GERADE IM VERZICHT DARAUF, etwas aus sich selbst machen zu wollen, liegt eine Chance, sich auf eine ungeahnt schöne Weise zu entfalten. Was dazu nötig ist, ist schon im eigenen Menschsein angelegt. Sich selbst auf diese Weise zu erkennen, macht die eigene Würde sichtbar. Fragen Sie sich:

> ▶ In welchen Situationen und Lebensbereichen habe ich das Bedürfnis, mich für den Kampf zu wappnen?
>
> ▶ Welche Erfahrungen habe ich bisher damit gemacht, etwas einfach so geschehen zu lassen, wie es kommt?
>
> ▶ Welche meiner größten Erfolge habe ich auf eine Weise erreicht, die sich für mich gut angefühlt hat?

INSPIRATIONSTEXT

NUN SASSEN SIE IM FLIEGER. Sie hatten ihren Lieben keine Weihnachtsgeschenke hinterlassen. Auch hatten sie keine Weihnachtspost versendet. Die Arbeit, die – ach so dringend – vor der Abreise erledigt werden sollte, blieb auf dem Schreibtisch zurück. Die Wohnung war nicht geputzt. Die Koffer hatten sie auf die letzte Minute und das letzte Gramm gepackt. Und Weihnachtsschmuck? Daran war gar nicht zu denken.

Wenn sie in einigen Stunden ausstiegen, wären sie an einem ganz anderen Ort. Dort wäre es warm, die Sonne schiene, nichts erinnerte an weiße Weihnacht. Die vertrauten Weihnachtsklänge, die Düfte und Lichter dieser besonderen Zeit des Jahres fehlten. Einen Gottesdienst in vertrauter Form gäbe es dort wohl nicht.

Und dann kam es, das Fest. Es war ein einfacher Tag. Sie gingen einfach in der Natur spazieren. Sie ließen sich einfach von einem Baby anlächeln. Sie aßen einfach ein Abendessen. Sie setzten sich einfach in ein Gotteshaus. Sie ließen sich einfach umbeten und umsingen von vielen unbekannten Menschen, deren Sprache sie nicht sprachen. Sie ließen einfach zu, was um sie herum geschah, ohne es zu verstehen.

War es nicht gerade eine einfache Einfachheit, in die derjenige hineingeboren wurde, dessen Geburt die Welt heute feierte? Und wurde nicht diese Einfachheit zu etwas Kostbarem, gerade weil sie einfach einfach sein durfte? War nicht diese Einfachheit heilig, weil sie Gott einfach näher war als aller Schein?

Und während sie sich einfach umbeten und umsingen ließen, legten sie – ohne es bewusst zu tun – sich selbst und alles Eigene nieder vor der Krippe. Das war ihr Weihnachtsgeschenk. Sie standen da mit leeren Händen, offen dafür, zu empfangen, widerstandslos anzunehmen, was der Moment ihnen schenkte. Das war Weihnacht, eine einfache Weihnacht.

Und wie wäre es, wenn es jeden Tag weihnachtete? Wie wäre es, wenn wir jeden Tag vor die Krippe träten und niederlegten, was wir mit unseren Händen festzuhalten versuchen? Wie wäre es, wenn wir nicht eiferten, um allen Selbst- und Fremdansprüchen zu genügen? Wie wäre es, wenn wir nicht darauf bestünden, dass sich alles Erleben nach unseren Plänen vollzieht? Wie wäre es, wenn wir uns selbst und einander annähmen, wie Christus uns willkommen geheißen und angenommen hat, mit leeren Händen? Wie wäre es, wenn wir auch für Schmerzen dankten in dem Wissen, dass sie uns anzeigen, dass das Leben etwas Neues gebiert? Und wie wäre es, wenn wir das Geschenk des Lebens jeden Tag feierten? Wie sähe unser Le-ben dann aus?

Vielleicht sähen wir unsere Kraft in unserer Schwachheit. Vielleicht hörten wir die Stille hinter dem Lärm des Alltags. Vielleicht nähmen wir die Fülle in unseren leeren Händen wahr. Vielleicht erkennten wir im Fremden uns selbst. Vielleicht wäre unser Leben dann einfach etwas anders als bisher, weil wir einfach etwas mehr Mensch wären.

TEIL II

INNENSCHAU

EINFACHE WEIHNACHT LÄDT DAZU EIN, allen Eifer abzulegen, der sich an Wünschen, Zielen und Ansprüchen orientiert, und einfach geschehen zu lassen. Das Angebot gibt die Gelegenheit, sich auf die Entfaltungsmöglichkeiten zu besinnen, die schon im eigenen Menschsein angelegt sind.

Ganz in diesem Sinne ist in dieser Innenschau keine ausdrücklich »meditative Haltung« angezeigt. Wenn Sie mögen, setzen Sie sich an Ihren Lieblingsort, gehen Sie in der Natur spazieren oder legen Sie sich an einen See. Sie müssen nichts anderes tun, als einfach nur Mensch zu sein. Lassen Sie diesen Moment der Muße geschehen, wie er kommt, und bleiben Sie dabei in Kontakt mit dem Innen und dem Außen. Stellen Sie dem Leben die Frage: Wie darf ich dich jetzt in mir empfangen? Spüren Sie, auf welche Weise sich Ihr Menschsein in Ihnen bewegt. Ihre Aufmerksamkeit wird sich dabei ganz von allein auf etwas richten. Folgen Sie ihr und beobachten Sie, was sie Ihnen zeigen wird.

Von demjenigen, dessen Geburt die Welt an Weihnachten feiert, sagt man, er sei zugleich Mensch und Gott gewesen. Haben Sie schon einmal darüber nachgedacht, inwiefern auch Sie als Mensch etwas Göttliches in sich tragen? Diese Innenschau wird für Sie von höchster Qualität sein, wenn Sie nicht vom Verstand her antworten. Lassen Sie für diesen Moment alles vermeintliche Wissen und alle (religiösen) Dogmen beiseite und gestatten Sie sich diesen Gedanken: Könnte es sein, dass in mir ein Funke Gottes ist? Und wenn er dort zu finden wäre, hätte nicht Gott selbst ihn dort hineingelegt? Wenn er mich mit diesem Funken beseelt hat und mich gutheißt, sollte ich es ihm dann nicht gleichtun? Sollte ich mich nicht auch so unendlich lieben, wie er mich liebt? Sollte ich mich dann nicht ganz vertrauensvoll dem Leben hingeben, damit es sich durch mich entfalten kann?

ZUSAMMENFASSUNG

DIE *EINFACHE WEIHNACHT* IST NICHTS, was christlichen Menschen vorbehalten wäre. Sie inspiriert dazu, ein wahres Fest der Liebe zu feiern, ein Fest der Menschlichkeit. Und das an jedem einzelnen Tag! Die Liebe besteht nicht auf (religiöse) Besonderheiten. Ganz im Gegenteil: Einfachheit ist ihr Credo. Deswegen lädt sie tagtäglich dazu ein, die Einfachheit zu feiern und gerade dadurch das Kleine und Unscheinbare mächtig und erhaben zu machen.

Wenn Sie genau hinsehen, entdecken Sie in dieser Innenschau einige Hinweise dazu, was Sie als Menschen auszeichnet und was Ihnen wichtig ist. Allein Ihre Wahl, ob Sie in die Natur gegangen sind, ob Sie sich in Ihren Lieblingssessel gesetzt oder sich mit geschlossenen Augen auf eine Yogamatte gelegt haben, gibt Ihnen Anhaltspunkte über Ihr persönliches Menschsein. Bei der Erkenntnis, dass es möglich ist, das Leben durch sich hindurch wirken zu lassen, spielen diese Aspekte eine wichtige Rolle. Es sind Spuren, die Sie verfolgen können, wenn Sie sich wünschen, dass Druck und Stress in Ihrem Leben nachlassen und die Dinge stattdessen leichter gehen. Entwickeln Sie für sich eine Lebensform, durch die die für Sie wichtigen Dinge zum Ausdruck kommen können. Dadurch schaffen Sie gute Voraussetzungen für Ihre Selbstentfaltung, weil sich Ihre Aktivitäten mit dem verbinden, was Sie natürlicherweise auszeichnet. Sie befreunden sich mit dem Leben! Fragen Sie sich:

> ▶ Welche Erkenntnisse habe ich bereits darüber gewonnen, was mich auszeichnet und mir wichtig ist?
>
> ▶ Wie möchte ich mein Menschsein ab jetzt leben und was bin ich bereit, dafür zu tun und zu unterlassen?
>
> ▶ Wo in meinem Leben kann ich die Dinge noch einfacher handhaben, als ich es bisher getan habe?

16 | »DIE GÖTTLICHE ORDNUNG DES LEBENS«

EINSTIMMUNG

AUS EINEM KLEINEN SAMEN ERWÄCHST ein mächtiger Baum, der standfest durch den Kreislauf der Jahreszeiten geht. Einem ausgebrüteten Ei entschlüpft ein Vogel, der sich mit seinen Schwingen einst in die Lüfte hebt. Die Leibesfrucht einer Frau gebiert sich als neuer Mensch in die Welt hinein. Es ist das Mysterium des Lebens, dass das Sichtbare im Unsichtbaren angelegt ist.

Die Gesamtheit allen Lebens folgt einer heiligen Ordnung, an der jede Lebensform teilhat. Die unbegreifliche Kraft, die hinter dem Mysterium des Lebens steht, lässt sich erfahren. Die Füße fest mit dem Erdboden verbunden und mit den Armen ausgestreckt gen Himmel, kann sich der Mensch für die Erinnerung öffnen, ein geistiges Wesen zu sein. Sein Körper ist eine geistige Idee, die Form geworden ist. Zu dieser Idee zurückzukehren, sich dem Nichtsichtbaren – der Transzendenz – hinzugeben und empfänglich für Erfahrungen mit Gott zu sein, ist SPIRITUALITÄT. Sie ist der Weg, um sich daran zu erinnern, ein Teil der großen Einheit allen Lebens zu sein. Sie ist eine Rückverbindung des Menschen mit seiner eigenen Essenz. Wer es für möglich hält, dass es jenseits der eigenen Grenzen des Sichtbaren noch etwas zu entdecken gibt, dem wird eine heilige, eine helfende Hand gereicht. Sie ist heilig, weil sie gottzugehörig ist, und sie ist helfend, weil sie die weise Führung übernimmt. Sie ermöglicht dem Menschen Erfahrungen in Gefilden einer von ihm vergessenen Dimension seines Daseins. Als spirituelles Wesen kann sich der Mensch auf eine Bewusstseinsreise begeben, die es ihm ermöglicht, sich selbst als das zu erkennen, was er wirklich ist. Als freies Wesen entscheidet allein er darüber, ob er diese Einladung der ihm gereichten Hand annimmt oder nicht.

FRAGESPUREN

SPIRITUALITÄT GESCHIEHT ABSEITS von mentalen Vorstellungen über das Wesen Gottes. Eine *Vor-Stellung* davon, was Gott ist, beansprucht, die Wahrheit zu kennen. Spiritualität gibt sich dem eigenen Nichtwissen preis und verbindet sich gerade dadurch mit der Wahrheit. Fragen Sie sich:

> ▸ In welchen Situationen habe ich darüber gestaunt, dass sich die Dinge perfekt ineinanderfügt haben?
>
> ▸ Was verstehe ich unter »Gott« und »Spiritualität« und welche Rolle spielt beides in meinem Leben?
>
> ▸ Wie sehr bin ich (schon) dazu bereit, mich auf Erfahrungen einzulassen, die mir unbegreiflich sind?

TEIL II

INSPIRATIONSTEXT

Irgendwann wirst du erkennen, ...

... DASS ES DAS, WAS DU EINEN »ZUFALL« NENNST, nicht gibt. Du wirst wissen, dass eine größere Ordnung existiert. Alles Geschehen, das jemals war, ist und sein wird, folgt Gesetzen des Lebens. Und diese Gesetze wirken unabhängig davon, ob du sie kennst oder ob du an sie glaubst.

Irgendwann wirst du erkennen, ...

... DASS DU NICHT VON DEM GETRENNT BIST, was du »Gott« nennst. Du wirst wissen, dass du eins mit dieser Kraft bist, die das Leben selbst ist. Dann erweisen sich alle Grenzen als Illusion; auch diejenigen, von denen du gemeint hast, dass sie dich trennen, von ALLEM, WAS IST.

Irgendwann wirst du erkennen, ...

... DASS SICH DIE WAHRE KRAFT DER LIEBE ENTFALTET, indem du alle Aspekte von sichtbarer und unsichtbarer Welt anerkennst und deinen eigenen Teil dazu beiträgst, dass sich das Leben in seiner Vollkommenheit zeigen kann. Du wirst still werden und alles, was dir schließlich wortlos zu sagen bleibt, ist: »Ich bin.«

*IRGENDWANN WIRST DU DICH
SELBST ERKENNEN.*

INNENSCHAU

DIE GÖTTLICHE ORDNUNG DES LEBENS **LÄDT** dazu ein, sich mit der eigenen Verbundenheit mit ALLEM, WAS IST zu befassen. Manche nennen die Gesamtheit allen Lebens »Gott«. Dieses Angebot öffnet den Raum, um der Existenz Gottes in uns und um uns herum nachzuspüren.

Können Sie etwas mit der Idee anfangen, dass es eine geistige Welt gibt, die unsere Welt der Raumzeit komplettiert? Wenn Sie sich dieser Frage stellen, könnte es unangenehm werden. Viele Menschen tragen – bewusst oder unbewusst – schwer daran, dass unter dem Deckmantel des Religiösen, Spirituellen, Esoterischen etc. Leid geschieht. Seien Sie bereit, durch die innere Abwehr hindurchzugehen. Öffnen Sie sich für eine neue Perspektive auf den nicht sichtbaren Teil Ihrer Identität. Selbst dann, wenn Sie meinen, dass Sie bereits Klarheit gefunden haben, stellen Sie die Frage nach Gott doch. Was haben Sie zu verlieren? Entweder Sie werden bestätigt oder belehren sich selbst eines Besseren.

Stellen Sie durch eine aufrechte, entspannte Haltung sicher, dass Ihr Atem frei fließen kann. Tun Sie in dieser Innenschau nichts weiter, als sich auf Ihren Atem zu konzentrieren. Binden Sie sich selbst zurück an den Ursprung Ihres Lebens (lat. *religare*) und begegnen Sie dem Teil in Ihnen, der durch und durch geistig ist (lat. *spiritualis*). Öffnen Sie sich für eine Erfahrung purer Liebe. Ihr Atem wird Ihnen den Weg nach innen zeigen, in das Heiligtum Ihrer Existenz. Wenn Sie – jetzt oder später – ganz in Ihrem Inneren angekommen sind, still in sich selbst, entsteht Raum, der weit über die vermeintlichen Grenzen Ihres Körpers hinausgeht. Er wird Sie in sich aufnehmen und Sie irgendwann erkennen lassen, dass Sie nicht von der äußeren Welt getrennt sind. Sie sind ein Teil der einen großen Einheit allen Lebens. Sie sind ein Teil des ALLES-IN-ALLEM. Sie sind!

ZUSAMMENFASSUNG

DIE GÖTTLICHE ORDNUNG DES LEBENS. **GIBT ES** so etwas überhaupt? Für Ihre persönliche Lebensführung ist Ihre Antwort auf diese Frage bedeutsam. Von Ihrer Sicht auf die Dinge hängt ab, wie Sie das, was Sie alltäglich erleben, deuten. Gehen Sie davon aus, dass alles reiner Zufall ist, werden Sie dem Leben vermutlich wenig vertrauen, weil es dieser Zufall manchmal gut und manchmal weniger gut mit Ihnen meint. Glauben Sie hingegen, dass alles – wirklich alles (!) – seine Berechtigung hat und geschieht, wie es geschehen muss, dann können Sie sich auch im Angesicht großer Herausforderungen in Ihrem eigenen Urvertrauen in die Güte des Lebens fest gründen und sich der Ungewissheit mutig preisgeben. Sie wissen, dass sich die Dinge fügen werden.

Wie Sie sich selbst im Zusammenspiel mit dem Leben erfahren, ist auch eine Frage der Hingabe, und zwar im doppelten Sinne. Hingabe einmal als ein bedingungsloses Sichhingeben an DAS, WAS IST. Hingabe zum anderen im Sinne einer hingebungsvollen Mitwirkung, die sich aktiv in den Lauf der Dinge einbringt. Spiritualität balanciert zwischen dem, was nicht in unserer Hand liegt, und dem, was wir selbst beeinflussen können. Wir können nicht direkt beeinflussen, wann uns welche Erfahrungen und Einsichten zuteilwerden. Es liegt hingegen bei uns, Bedingungen zu schaffen, die uns wach für den Moment halten, indem wir bereit sein werden, (uns selbst) zu erkennen. Fragen Sie sich:

- ▶ Was denke ich über das Leben? (Erstellen Sie eine Liste mit Ihren Glaubenssätzen: »Das Leben ist …«)

- ▶ Welche meiner Annahmen über das Leben passen (noch) zu mir und welche möchte ich verändern?

- ▶ Möchte ich eine spirituelle Übungspraxis in meinem Leben haben, und wenn ja, wie soll diese aussehen?

TEIL II

TEIL III

PERSPEKTIVEN

17 | ENDE ODER NEUBEGINN

SIE WERDEN INZWISCHEN SCHON AUF einige Erfahrungen
zurückblicken, die Sie anhand dieser Landkarte auf Ihren
Reisen nach innen gemacht haben. Vielleicht haben Sie Empfindungen, Gedanken und Einsichten durch Notizen festge-
halten. Und vielleicht haben Sie auch von der einen oder
anderen Etappe Souvenirs mitgebracht, die Sie an eindrück-
liche Erlebnisse, wertvolle Erkenntnisse, erhebende Visionen,
bestechende Klarheiten oder sinnvolle Vorhaben erinnern.

TEIL III

Nun stellt sich die Frage, was aus Ihrem Reisegepäck werden soll, das Sie zwischenzeitlich auf sich zugeschnitten und damit immer weiter auf Ihre WEGE ZUM ICH abgestimmt haben. In welche Richtung soll Ihre Lebensreise nun weitergehen?

UND JETZT?

AUS ERFAHRUNG WISSEN SIE VIELLEICHT, wie unterschiedlich stark Reisen nachwirken können. Es gibt diejenigen Reisen, die aus verschiedenen Gründen wenig inspirierend sind. Ihnen fehlt der Spirit, weil beispielsweise Ausflüge, Unterkunft und Kulinarisches den eigenen Vorlieben nur wenig entsprechen. Nach der Rückkehr bleiben sie dann noch für eine Weile als Erinnerungen im Gedächtnis, um mit der Zeit zu verblassen und in den Tiefen des Unterbewusstseins zu versinken.

Demgegenüber gibt es Reisen, die hochgradig inspirierend sind. Bestimmte Erfahrungen können so eindrücklich wirken, dass der Wunsch besteht, etwas von ihnen in den Alltag zu Hause zu integrieren. Von derart inspirierenden Reisen kehren Menschen häufig einerseits sehr erfüllt zurück. Sie fühlen sich reich beschenkt mit neuen Erlebnissen, Eindrücken und Ideen. Andererseits ist noch etwas offengeblieben. Sie spüren, dass es nun an ihnen liegt, die kostbaren Samen der Reise daheim einzupflanzen, um die Früchte auch im Alltag ernten zu können.

Wenn Sie dieses Buch dazu genutzt haben, um Ihre inneren Reisen so zu gestalten, dass sie zu Ihnen passen, dann wird es Ihnen jetzt vermutlich ähnlich ergehen. Etwas in Ihnen ist zum Klingen gebracht worden und Sie wünschen sich nun, dass manches, das Sie in Ihrem Inneren für sich entdeckt haben, über sich hinausweist und auch in Ihrem äußeren Leben sichtbar wird. Vielleicht haben Sie auch schon damit begonnen, einiges aus der Innenschau in die Tat umzusetzen. Dieser dritte Teil der Landkarte kann Sie noch darin bestärken, beherzt und klar weiterzugehen und zu verwirklichen, was Sie sich vornehmen.

MÖCHTEN SIE IN IHREM ÄUSSEREN LEBEN SICHTBAR WERDEN LASSEN, WAS SIE AUF IHREN REISEN NACH INNEN ERLEBT HABEN?

Sie können es sich zur Chefaufgabe machen, sich in die aufregendste, freieste, schönste und liebevollste Version Ihrer selbst hineinzuentwickeln. Sie können klug und achtsam von innen nach außen leben und jeden einzelnen Tag die Absicht verfolgen, noch mehr Lebendigkeit in Alltag, Beziehungen und Arbeit einziehen zu lassen. Sie können dazu beitragen, dass Sie mehr und mehr zu einem Menschen heranreifen, der sein Leben noch klarer, noch selbstbestimmter und noch kraftvoller führt. Es liegt bei Ihnen, zu wählen, wie Ihre WEGE ZUM ICH jetzt weitergehen sollen.

TEIL III

Wenn Sie neugierig darauf geworden sind, was sich in Ihrem äußeren Leben aus Ihren inneren Klarheiten machen lässt, finden Sie im Folgenden Anregungen dazu, wie Sie zum Ausdruck bringen können, was Sie erkannt haben.

> **SELBSTERINNERUNG**
> In jedem einzelnen Augenblick kann ich wählen, was ich jetzt tun werde, um mich so zu zeigen, wie ich sein möchte.

INNERE KLARHEIT UND ÄUSSERE REALITÄT

DER WUNSCH NACH PERSÖNLICHER Weiterentwicklung gründet in einer Ahnung, dass noch viel mehr im eigenen Leben möglich ist, als sich momentan zeigt. Wenn der innere Ruf vernommen wird, dann stellen sich die Fragen, was das eigene Leben wirklich auszeichnet und wie es sich stimmig führen lässt, sehr deutlich.

Wer diesen Fragen nachspürt, erkennt früher oder später, dass vieles in seinem Leben Platz gefunden hat, das einengt und es dadurch erschwert, die beste Version von sich selbst zu zeigen. Dann geht es im wahrsten Sinne des Wortes darum, sich zu *ent-wickeln*. Wickel, Bandagen, Stricke, manchmal sogar Fesseln, die es verhindern, sich voll zu entfalten, dürfen erkannt und abgestreift werden. Schritt für Schritt wird dadurch freigelegt, was schon im Selbstsein einer Person angelegt ist. Individualität erstrahlt also nicht etwa deshalb in neuem Glanz, weil der eigenen Persönlichkeit etwas hinzugefügt würde. Vielmehr wird dasjenige weggenommen, was nicht (mehr) stimmig ist und sich einengend auswirkt.

NUTZEN SIE DAS, WAS SCHON IN IHNEN ANGELEGT IST, STATT ETWAS HINZUZUFÜGEN, DAS NICHT ZU IHNEN PASST.

Innere Klarheit darüber, was Ihnen wirklich wichtig ist und wie Sie sich selbst als die Person sehen, zu der Sie sich entwickeln möchten, ist die Voraussetzung dafür, dass Sie entsprechende Veränderungen realisieren können. Je besser Sie sich selbst kennen, desto zielbewusster können Sie Maßnahmen ergreifen, um sich in Ihrem Entwicklungsprozess zu stärken und Ihre erhabenste Vision von sich und Ihrem Leben Schritt für Schritt zu verwirklichen.

Durch die zwölf Angebote zur Innenschau werden Sie Ihren Zugang nach innen bereits gestärkt haben und infolgedessen auch zu mehr innerer Klarheit gelangt sein. Dabei haben Sie vermutlich schon wertvolle Hinweise auf Chancen für Ihre persönliche Weiterentwicklung erhalten. Diese Erkenntnisse gilt es nun zu vertiefen. Auch gilt es zu klären, was genau mit ihnen geschehen soll. Andernfalls bleiben sie unsichtbare Ideen, die sich nicht verwirklichen, weil keine konkreten Taten folgen.

TEIL III

Mit Ihren Notizen und Erinnerungen haben Sie bereits einen Fundus an bisherigen Erkenntnissen vor sich. Diese Einsichten lassen sich nun so aktivieren, dass sie sich auch in Ihrem äußeren Leben zeigen können. Dazu ist es hilfreich, eigene Entwicklungsfelder zu kennen und festzulegen, welche Maßnahmen dazu beitragen, um in diesen Bereichen gewünschte Resultate zu erzielen. Um inneres Wissen mit äußerer Aktivität zu verbinden, können Sie sich anhand Ihrer eigenen Erkenntnisse und Mitschriften folgende Fragen stellen:

> ▶ Welche inneren Klarheiten über mich und mein Leben habe ich bis zum heutigen Tag gewonnen?
>
> ▶ In welchen Lebensbereichen setze ich diese Klarheiten bereits um und wo richte ich mich (noch) nicht danach?
>
> ▶ Welche persönlichen Qualitäten hätte jemand, der nach meinen inneren Klarheiten denkt und handelt?
>
> ▶ Welche Aktionen wären im Leben dieser Person notwendig, damit sich diese Klarheiten verwirklichen?
>
> ▶ Welche Maßnahmen ergreife ich *jetzt*, um mich und mein Leben in die gewünschte Richtung zu führen?

Um diese Fragen zu beantworten und genaue Übungsfelder ausfindig zu machen, sind Ihre eigenen Erkenntnisse maßgeblich. Ziel dieser Vertiefung ist es, dass Sie die Eindrücke, die sich Ihnen eingeprägt haben, und die Mitschriften, die Sie angefertigt haben, jetzt auswerten. Auf der Basis dieser Auswertung können Sie dann gezielte Maßnahmen entwerfen und festlegen, in welcher Hinsicht Sie Ihre persönlichen Qualitäten weiterentwickeln werden.

Es steht nun im Vordergrund, dass für Sie immer greifbarer wird, was genau Sie tun können, um auf *Ihre* Weise von innen nach außen zu leben. Verschriftlichen Sie Ihre Erkenntnisse und verdichten Sie die einzelnen Aspekte, bis Ihre Liste so kurz und so klar wie möglich auf den Punkt bringt, wofür Sie mit Ihrem Leben einstehen. Sie soll Ihnen tagtäglich Aufschluss darüber geben, was Sie *heute* denken und tun können, um sich *morgen* in Ihrer besten Version zu erleben und zu zeigen, wer Sie wirklich sind.

In Kapitel LEBENSTHEMEN BEGEGNEN haben Sie Anregungen dazu erhalten, welche thematischen Zugänge die zwölf Angebote zur Innenschau jeweils bieten können. Als zusätzliche Inspiration für Ihre Auswertung werden diese Anregungen hier erneut aufgegriffen und vertieft. Sofern Sie es möchten, erhalten Sie damit die Möglichkeit, die thematischen Spuren weiterzuverfolgen und zu sondieren, was Sie bei Ihren nächsten Schritten von innerer Klarheit zu äußerer Realität unterstützen kann.

In der folgenden Übersicht finden Sie jeweils einen Leitgedanken vor, der die bereits bekannten Themenanregungen bündelt. Es fügen sich drei Aspekte an, die gemeinsam ein Übungsfeld für Ihre Weiterentwicklung von bestimmten persönlichen Qualitäten bilden. Die Zuordnung der Themen zu den jeweiligen Angeboten ist zweitrangig und dient lediglich der besseren Orientierung, und zwar sowohl in Ihren Notizen als auch auf dieser Landkarte. Sofern Sie zurückblättern möchten, finden Sie sich auf diese Weise schneller in Teil II zurecht. Verstehen Sie die folgende Übersicht wieder als eine Art Fundus für diesen und jenen Aspekt, der Sie bei Ihrer Auswertung bereichert.

TEIL III

WEISHEIT

Leitgedanke: *Fülle* ist der natürliche Zustand des Universums. Die Natur zeigt durch überbordende Schönheit und unbegreifliche Komplexität, dass sie aus dem Vollen schöpft. Sie hält nichts zurück, sondern teilt alles. *Dankbarkeit* für die Fülle zu entwickeln, befreit zur Großzügigkeit.

Übungsfeld: *Klarheit, Wertschätzung, Bewusstheit*

- ▶ *Klarheit* herstellen, welches Tun und Unterlassen das Leben ehrt und ihm dient; üben, sich daran zu halten
- ▶ *Wertschätzung* durch achtsamen Umgang mit Menschen, Situationen, Dingen zeigen; großzügig sein
- ▶ *Bewusstheit* vertiefen, dass das Leben ein Geschenk aus der Fülle ist; »Selbstverständliches« würdigen

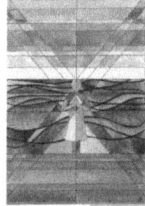

LEBENSORDNUNG

Leitgedanke: Wenn das Leben pure Liebe ist, liegt in allem Geschehen ein Funke dieser Liebe. Das ist ein Grund für *Gelassenheit*. Selbst dann, wenn der Sinn von Geschehnissen verborgen ist, darf davon ausgegangen werden, dass sich dieser zur rechten Zeit auf rechte Weise als *Gnade* erweist.

Übungsfeld: *Zentriertheit, Balance, Akzeptanz*

- ▶ *Zentriertheit* einüben; Kraft im eigenen inneren Zentrum bündeln; sich im gegenwärtigen Moment erden
- ▶ *Balance* herstellen durch Überprüfung dessen, was aus dem Gleichgewicht geraten ist; für Ausgleich sorgen
- ▶ *Akzeptanz* durch den Gedanken leben, dass alles Geschehen sinnvoll ist; zuversichtlich voranschreiten

HERZENSKRAFT

Leitgedanke: *Vergebung* braucht sich selbst nicht. Sie weiß, dass jeder unter den Bedingungen seines persönlichen Lebens sinnvoll handelt und sein Bestes gibt. Vergebung löst aus den Fesseln von falschen Beurteilungen. Sie befreit zu einer Liebe, die tiefer blickt und in *Güte* mündet.

Übungsfeld: *Mitgefühl, Transformation, Offenheit*

- ▶ *Mitgefühl* entwickeln; von Beurteilungen ablassen; sich und andere in Entwicklungsprozessen stärken
- ▶ *Transformation* von Negativität zulassen; sich immer wieder der Liebe zuwenden und ihren Rat befolgen
- ▶ *Offenheit* einüben; sich Unbekanntem, Unverständlichem und »Falschem« aufgeschlossen zuwenden

DIE STURMSTILLUNG

Leitgedanke: Der Mensch kann nicht immer beeinflussen, was geschieht. Er kann aber wählen, wie er mit dem Erlebten umgeht. Er bleibt handlungsfähig, solange er seine *Verantwortung* übernimmt. Die daraus resultierenden Erfahrungen vertiefen das *Vertrauen* in sich selbst und in das Leben.

Übungsfeld: *Entschlossenheit, Beharrlichkeit, Mut*

- ▶ *Entschlossenheit* für eigenen Weg durch Herausforderungen hindurch entwickeln; klares Ziel fokussieren
- ▶ *Beharrlichkeit* in lebensbejahendem Denken und Handeln zeigen; Selbstverantwortung übernehmen
- ▶ *Mut* als Haltung einüben; durch Ängste hindurchgehen; Selbstsicherheit stärken; »Verrücktes« wagen

TEIL III

ICH SEHE DICH

Leitgedanke: Wer bin ich? Die Antwort auf diese Frage kommt aus der Gesamtheit aller Teile, die zum Menschen gehören. Der Weg dahin führt über *Heilung*. Als heil, also ganz, erfährt sich derjenige, der alle falschen Selbstbilder beseitigt und die eigene *Ganzheit* vollständig anerkennt.

Übungsfeld: *Natürlichkeit, Leichtigkeit, Selbstliebe*

▶ *Natürlichkeit* gelten lassen; sich öfter unverstellt zeigen; Verletzlichkeit wahrnehmen und sie zulassen
▶ *Leichtigkeit* ins Leben bringen; spielerisch an Lebensthemen herangehen; Lachen und Spaß befördern
▶ *Selbstliebe* als ein Sich-selbst-Annehmen vertiefen; Gedanken, Worte und Taten positiv und stärkend wählen

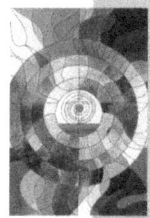

LEBENSENERGIE

Leitgedanke: Jeder Mensch hat einen inneren Ruf in sich. Es ist der Aufruf, das eigene *Potenzial* voll zu entfalten. Jedes Potenzial ist einzigartig und kann deshalb in genau dieser Form auch nur von einem einzigen Menschen erfüllt werden. Wer seinem inneren Ruf folgt, erlebt tiefste *Freude*.

Übungsfeld: *Kreativität, Tatkraft, Leidenschaft*

▶ *Kreativität* als Haltung verstehen, die durch eigene Fähigkeiten Neues erschafft; Stärken mutig zeigen
▶ *Tatkraft* einsetzen, um eigene Gaben anzuwenden; Interessen zielgerichtet vertiefen; Können erweitern
▶ *Leidenschaft* für eigene Visionen ausweiten; den Ruf des Lebens ehren; für eigenes Persönlichkeitsprofil einstehen

DIE TORHEIT DES KREUZES

Leitgedanke: *Liebe* ist ein Wagnis. Sie verurteilt nicht, grenzt nicht aus und trägt nicht nach. Liebe lässt sich nicht von Angst regieren. Sie entfacht die stärksten *Kräfte* im Menschen und hält ihn dadurch in Bewegung. Sie ruft immer wieder dazu auf, sich voll zu öffnen und sich hinzugeben.

Übungsfeld: *Individualität, Risikobereitschaft, Dynamik*

- *Individualität* als Chance erkennen, statt sie als Bedrohung zu bekämpfen; Vielfalt fördern und nutzen
- *Risikobereitschaft* für wagendes Tun erhöhen; Neues ausprobieren; vertrauen, dass sich Lösungen finden
- *Dynamik* fokussieren, um die eigenen Kräfte zu spüren und auszuleben; das Leben beherzt angehen

FREIHEIT

Leitgedanke: *Authentizität* befähigt den Menschen, sich wahrhaftig und damit echt zu zeigen. Seine innere Klarheit gepaart mit Mut lässt ihn für sich selbst einstehen. Authentizität als Handlungsmaxime für jetzt wird zu einem Tor der *Freiheit*, wenn diese nicht in der Zukunft gesucht wird.

Übungsfeld: *Verantwortlichkeit, Aufrichtigkeit, Integrität*

- *Verantwortlichkeit* für sich selbst erkennen und Konsequenzen ziehen; Stimmigkeit ins Lebens bringen
- *Aufrichtigkeit* zuerst als ein Sich-selbst-Aufrichten zeigen, dann als ehrlichen Umgang mit anderen leben
- *Integrität* in Sprache und Handeln bringen, indem sie eigenen Werten entsprechen; Charakterstärke üben

TEIL III

MEIN SEELENFELD

Leitgedanke: *Geborgenheit* nur im Außen zu suchen, bringt Furcht und Enttäuschung mit sich. Als zu zerbrechlich erweisen sich Situationen und Beziehungen, die Schutz versprechen. Wer in sich Geborgenheit findet, kann inneres und äußeres Selbstsein in *Harmonie* miteinander bringen.

Übungsfeld: *Neugier, Innerlichkeit, Intimität*

▶ *Neugier* zeigen; dem Leben mit kindlicher Unbefangenheit begegnen; (innere) Entdeckungen machen

▶ *Innerlichkeit* zur Stärkung vertiefen; üben, auch bei äußeren Aktivitäten in Kontakt zum Inneren zu sein

▶ *Intimität* im Innersten erfahren als vertrauteste Beziehung des Ichs zu sich selbst; sich der Liebe öffnen

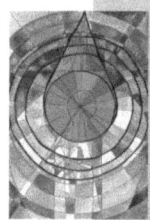

AM OSTERMORGEN

Leitgedanke: *Friede* in der äußeren Welt gründet auf dem Frieden im Herzen des Einzelnen. Innerer Friede stellt sich ein, wenn sich *Ruhe* über das eigene Dasein und den gegenwärtigen Augenblick ausbreitet. Bleibt diese Ruhe im Hintergrund präsent, wirken »Probleme« weniger groß.

Übungsfeld: *Entspannung, Wachheit, Präsenz*

▶ *Entspannung* zulassen; Zeiten des Loslassens fest in den Alltag integrieren; sich auf Stille konzentrieren

▶ *Wachheit* vertiefen; aufmerksam auf neue Perspektiven achten und diese nutzen; Stillstand im Leben lösen

▶ *Präsenz* im gegenwärtigen Augenblick zeigen; ungeteilte Aufmerksamkeit auf Tätigkeit im Jetzt richten

EINFACHE WEIHNACHT

Leitgedanke: Menschsein stellt vor die Aufgabe, sich weder zu über- noch zu unterschätzen. Dazu gehört die *Erkenntnis*, dass das eigene Sein mit der einen großen Lebenskraft verbunden ist. Sie wirkt in jedem Menschen, wodurch dieser sich als das würdevolle Wesen *entfalten* kann, das er ist.

Übungsfeld: *Einfachheit, Duldsamkeit, Menschlichkeit*

▶ *Einfachheit* praktizieren; sich öfter auf das Wesentliche reduzieren, das der Entfaltung des Lebens dient
▶ *Duldsamkeit* einüben; friedvoll geschehen lassen, was geschieht; Eifer loslassen; vertrauensvoll abwarten
▶ *Menschlichkeit* als Zuwendung zur eigenen Würde zeigen; die Würde anderer bereitwillig unterstützen

DIE GÖTTLICHE ORDNUNG DES LEBENS

Leitgedanke: Lebensformen sind keine isolierten Existenzen. Jedes Dasein ist Teil eines großen Ganzen. Alles ist mit allem verbunden. *Spiritualität* ist ein Weg, um sich dieser *Verbundenheit* wieder bewusst zu werden und sich an die formlose Essenz des eigenen Wesens zu erinnern.

Übungsfeld: *Übungsbereitschaft, Empfänglichkeit, Hingabe*

▶ *Übungsbereitschaft* durch regelmäßige Praxis schulen; Alltagssituationen nutzen, um sich in Bewusstheit zu üben
▶ *Empfänglichkeit* für unbegreifbare Lebensdimensionen herstellen; eigenes Wissen als begrenzt anerkennen
▶ *Hingabe* üben, die sich vorbehaltlos auf »Gott« einlässt; neugierig auf spirituelle Erfahrungen zugehen

TEIL III

Der Ertrag aus der Auswertung Ihrer bisherigen Erkenntnisse kann darin bestehen, sehr klar benennen zu können, was Sie als Person auszeichnet und worauf Ihre Lebensgestaltung gründet. Wenn Sie sich diese eigenen Klarheiten täglich vor Augen führen, dann werden sie sich nach und nach in Ihrer Realität zeigen.

**WER INNERLICH KLAR IST,
HANDELT ÄUSSERLICH KLARER.**

Damit innere Klarheiten zu äußeren Realitäten werden, reicht es nicht aus, sich einmalig an die eigenen Grundsätze zu halten. Vielmehr geht es darum, die eigenen Klarheiten zu einer persönlichen Haltung, einem Habitus, werden zu lassen. Das setzt voraus, dass Sie Ihr Denken und Handeln immer öfter bewusst reflektieren und sich dadurch zunehmend in die Lage versetzen, wunschgemäß zu leben.

Persönliche Weiterentwicklung verläuft in manchen Phasen leichter als in anderen. Sie geht mal schneller und mal langsamer voran. Sich dessen schon im Vorfeld bewusst zu sein, beugt der Tendenz vor, in weniger starken Momenten aufzugeben und damit Rückschritte zu machen.

> **SELBSTERINNERUNG**
> Ich kann meine inneren Klarheiten zu äußeren Realitäten werden lassen, wenn ich sie mir als Lebenshaltung aneigne.

AUF DER ÜBUNGSMATTE
DES LEBENS

VIELLEICHT WISSEN SIE AUS EIGENER ERFAHRUNG, wie es sich anfühlt, wenn Sie durch ein Seminar, einen Vortrag oder ein Buch hoch motiviert sind, in die Tat umzusetzen, was Sie für sich erkannt haben. Früher oder später flacht dieser anfänglich so starke Enthusiasmus jedoch ab. Der Schwung geht verloren und es kommen Zweifel auf, weil es sich anfühlt, als liefe alles Tun ins Leere.

Genau hier ist der Punkt erreicht, an dem diejenigen das Handtuch werfen, die nicht genügend persönlichen Sinn in dem sehen, was Sie umzusetzen versuchen. Diejenigen hingegen, die zutiefst aus sich selbst heraus motiviert sind, die wissen, warum sie tun, was sie tun, und die sich weiterhin an die Verabredungen mit sich selbst halten, gehen erfolgreich durch diese Schwierigkeiten hindurch. Sie hören noch immer den Ruf des Lebens in sich und erscheinen jeden einzelnen Tag erneut auf der Übungsmatte des Lebens, um ihm zu folgen. Sie wissen, dass es leichtere und härtere Trainingseinheiten gibt, und sie sind bereit dazu, die einen wie die anderen durchzuführen.

Je klarer Sie wissen, was Sie wirklich wollen, und je besser Sie Ihre passgenaue Lebensführung darin unterstützt, zu zeigen, wer Sie wirklich sind, desto konstruktiver werden Sie mit Plateauphasen und Rückschritten umgehen. Zudem ist es hilfreich, diese schon im Vorfeld als natürliche Bestandteile des Lebens zu erkennen und zu wissen, dass Übungsprozesse in Kurven und nicht linear verlaufen.

WENN AUF ZWEI SCHRITTE VORWÄRTS EIN RÜCKSCHRITT FOLGT, GEHT ES TROTZDEM VORAN.

Am Anfang von Übungsprozessen steht häufig das »Anfängerglück«. Der starke Wille zur Veränderung und der Entschluss, bestimmte Ergebnisse erzielen zu wollen, verleihen buchstäblich Flügel. Viel Engagement zu Beginn führt auch sehr schnell zu wünschenswerten Resultaten. Diese hohe Einsatzbereitschaft kostet allerdings sehr viel Energie und ist auf Dauer kaum aufrechtzuerhalten. Um das Rad der Veränderung permanent in Gang zu halten, ist es wichtig, auf Phasen der Anspannung auch wieder Momente der Entspannung folgen zu lassen, ohne dabei den eigenen Fokus zu verlieren. Es geht nicht darum, sich zum Objekt von Selbstoptimierung zu machen, sondern darum, sondern ein Mensch zu sein, der aufmerksam auf die Zwischentöne des Lebens hört und Schritt für Schritt weiter seinem inneren Ruf folgt. Was aber ist, wenn dieser gerade nicht hörbar ist?

Neben aller innerer Klarheit gehört es auch dazu, mit Nichtwissen umgehen zu können. Ihre bisherigen Erfahrungen mit Innenschau werden vermutlich nicht alle gleich intensiv gewesen sein. Vielleicht stand sogar manchmal ein großes Fragezeichen am Ende, das Sie ratlos zurückgelassen hat. In solchen Momenten sind wir gefragt, in dem Gefühl des Nichtwissens stehen zu können, ohne uns davon übermannen zu lassen.

Nichtwissen ist ein Teil des Gesamtprozesses. Es ist völlig in Ordnung, nicht auf alles jederzeit eine Antwort zu haben. Selbst dann, wenn wir einen Zugang zu unserer inneren Quelle gefunden haben, bedeutet das nicht, über sie herrschen zu können. Wir dürfen uns in Demut üben, wenn uns durch Nichtwissen wieder klar wird, dass wir Erkenntnisse aus unserem Inneren aus Gnade empfangen. Es ist keine Selbstverständlichkeit!

Zudem kann es Gründe haben, warum wir in bestimmten Situationen mit Nichtwissen konfrontiert sind. Insbesondere in Momenten der Bedrängnis neigen wir dazu, in blinden Aktionismus zu verfallen. Dann wollen wir möglichst schnell handeln, um Veränderungen herbeizuführen. Es kann aber sein, dass unser Handeln weder sinnvoll noch notwendig ist, sondern sich die Dinge von allein fügen. Dies ist eine wunderbare Gelegenheit, um sich in Vertrauen in das Leben zu üben in dem Wissen:

WENN ICH JETZT NICHT WEISS, MUSS ICH AUCH NICHT WISSEN, DENN WENN ICH JETZT WISSEN MÜSSTE, DANN WÜSSTE ICH.

Es ist also eine Sache der Perspektive, wie wir mit den Höhen und Tiefen auf unseren *WEGEN ZUM ICH* umgehen. Der Lauf der Dinge kann uns zum Segen werden, wenn wir in allem, was uns im Leben geschieht, nach Gelegenheiten zum Wachstum Ausschau halten und das Beste daraus machen. Dann werden wir auch die wunderschöne Erfahrung machen, dass wir Herausforderungen mit der Zeit gelassener entgegentreten. Wir haben bereits erlebt, wie wir selbst sie in Chancen verwandelt haben, sodass es uns insgesamt leichter fällt, uns die Dinge zum Besten dienen zu lassen.

Ob einfach oder herausfordernd, je mehr wir die Trainingseinheiten auf der Übungsmattes des Lebens zu lieben lernen, desto mehr wird sich unsere Freude vertiefen, Schritt für Schritt zu zeigen, was wirklich in uns steckt.

> **SELBSTERINNERUNG**
> Jeden einzelnen Tag kann ich wieder auf der Übungsmatte des Lebens erscheinen und entscheiden, wer ich heute bin.

SCHRITT FÜR SCHRITT

INSBESONDERE DANN, WENN ES GELUNGEN IST, die eigenen Klarheiten schwarz auf weiß vor sich zu haben, ist die Entschlossenheit zumeist sehr hoch, endlich in die Tat umzusetzen, was bisher nur auf dem Papier geschrieben steht. Es ist lohnenswert, diese Kraft des Anfangs zu nutzen, und direkt loszulegen. Zugleich ist es sinnvoll, nicht alles auf einmal verändern zu wollen. Was gerade zu Ihrem Leben gehört, hat seinen Sinn und ist (noch) ein fester Bestandteil Ihres Selbstseins. Wenn Sie nun damit beginnen, etwas in diesem funktionierenden System Ihrer Persönlichkeit zu verändern, dann entsteht erst einmal ein Ungleichgewicht. Die damit einhergehende Unruhe muss aufgefangen und eine neue Stabilität hergestellt werden. Deswegen ist es wichtig, nicht zu viel zeitgleich zu verändern, sondern Schritt für Schritt vorzugehen.

Priorisieren Sie Ihre Vorhaben von wichtig bis weniger wichtig und konzentrieren Sie sich zuerst auf einige der Dinge, die Ihnen besonders bedeutsam erscheinen. Halten Sie sich lieber konsequent an eine einzige Verabredung mit sich selbst, als vieles parallel zu tun. Dadurch beugen Sie Überforderungen vor, die entstehen können, wenn Sie zu vieles gleichzeitig tun wollen. Es macht einen Unterschied, ob Sie Ihre Kräfte zeitgleich auf mehrere Vorhaben aufteilen oder ob Sie sie bündeln und sich mit voller Kraft zunächst auf eine einzige Aufgabe konzentrieren.

Sie können immer wieder kurze Reflexionsschleifen einbauen, um sich zu vergegenwärtigen, woher Sie kommen, wo Sie sich gerade befinden und wohin Sie gehen möchten. Dadurch erhöhen Sie grundsätzlich den Grad an Bewusstheit in Ihrem Leben. Mit der Zeit wird es sich häufiger so anfühlen, als beobachteten Sie sich selbst aus der Vogelperspektive. Das ist sehr nützlich, um nicht erst im Nachhinein auswerten zu können, ob Ihr Denken und Handeln Ihren wichtigsten Grundsätzen entsprechen, sondern schon im Moment selbst. Sie erlangen noch mehr Kontrolle über Ihr eigenes Verhalten, weil Sie weniger häufig unbewusst vorgehen, sondern wach beobachten, was Sie tun und unterlassen. Sie werden immer klarer wissen, wie die beste Version Ihrer selbst in genau diesem einen Moment reagieren würde. Dann geht es nicht mehr allein darum, *morgen* zu werden, was Sie *heute* denken und tun, sondern darum, schon im *Jetzt* zu *sein*, wer Sie wirklich sind. Vielleicht wird es Ihnen nicht immer direkt gelingen, auch danach zu handeln, aber die Bewusstheit darüber reicht bereits aus, um die Wahrscheinlichkeit zu erhöhen, dass Sie sich beim nächsten Mal oder zu einem späteren Zeitpunkt daran halten.

 **EINE WACHE LEBENSFÜHRUNG ZEICHNET SICH DURCH BEWUSSTHEIT ÜBER DAS EIGENE DENKEN UND HANDELN AUS.**

Beobachten Sie sich selbst, ohne zu viel von sich zu verlangen oder sich gar zu tadeln, wenn manches nicht so gelungen ist, wie Ihr wacher Geist es gern gesehen hätte. Sie sind keine Maschine, sondern ein lebendiges System. Manche Teile Ihrer Persönlichkeit werden sich schneller in die gewünschte Richtung lenken lassen als andere. Gehen Sie achtsam und liebevoll mit sich selbst um und bewegen Sie sich immer nur so weit in eine Richtung, wie es auch der langsamste Teil in Ihnen mitträgt. Auf diese Weise können Sie Veränderungen nach und nach auf unterschiedliche Lebensbereiche ausweiten und dadurch alle Teile Ihres Systems wieder aufeinander abstimmen. Dadurch erreichen Sie ein neues Level an Bewusstheit.

Die Unruhe, die Veränderungen in Ihrem inneren System bewirken, zeigt sich auch in äußeren Systemen. In Ihrem sozialen Umfeld gibt es viele dieser Systeme, die ins Wanken geraten können, wenn Sie sich verändern. Das Recht auf ein authentisches Leben geht mit der Aufgabe einher, es nicht gegen andere zu nutzen, sondern sie angemessen zu berücksichtigen.

> **SELBSTERINNERUNG**
> Wenn ich meine Entwicklung Schritt für Schritt angehe, erhöhe ich die Wahrscheinlichkeit, dass sie langfristig gelingt.

TEIL III

ZUSAMMENFASSUNG UND ÜBUNG

SELBSTERINNERUNG 1: In jedem einzelnen Augenblick kann ich wählen, was ich jetzt tun werde, um mich so zu zeigen, wie ich sein möchte.

SELBSTERINNERUNG 2: Ich kann meine inneren Klarheiten zu äußeren Realitäten werden lassen, wenn ich sie mir als Lebenshaltung aneigne.

SELBSTERINNERUNG 3: Jeden einzelnen Tag kann ich wieder auf der Übungsmatte des Lebens erscheinen und entscheiden, wer ich heute bin.

SELBSTERINNERUNG 4: Wenn ich meine Entwicklung Schritt für Schritt angehe, erhöhe ich die Wahrscheinlichkeit, dass sie langfristig gelingt.

ÜBUNG: BEWUSSTHEIT ERHÖHEN

Eine Möglichkeit, um die eigene Bewusstheit im Leben wirksam zu erhöhen, besteht darin, sich die vielen Entscheidungen zu vergegenwärtigen, die tagtäglich getroffen werden. Wer sich wirklich darüber im Klaren ist, dass er zwar nicht über den Lauf der Dinge verfügt, wohl aber über seine eigenen Reaktionen darauf, erhöht die Wachheit seines Geistes. Ihm ist bewusst, dass es an ihm liegt, so oft wie möglich eine Wahl zu treffen, die ihm selbst, anderen und dem Leben dient. Um dieser Bewusstheit auf die Spur zu kommen, können Sie sich im Alltagsverlauf beobachten: Kommentieren Sie für eine Weile alles, was Sie tun, indem Sie innerlich oder leise vor sich hinsagen: »Ich wähle jetzt, aufzustehen.« - »Ich entscheide mich dafür, zu arbeiten.« - »Ich wähle, mit dem Fahrrad zu fahren.« usw. Auf diese Weise vergegenwärtigen Sie sich fortwährend, dass Sie eine Wahl haben und dass Sie auch anders wählen können.

18 | GEMEINSAM STATT EINSAM

MENSCHEN, DIE IHRE SELBSTKRAFT STÄRKEN und sich mehr und mehr in ihre eigene Individualität hinein entfalten, erleben, dass ihre persönlichen Veränderungen sich insbesondere in zweierlei Hinsicht auswirken. Zuerst nehmen sie selbst wahr, wie sich ihr eigenes Fühlen, Denken und Handeln verändern. Anschließend zeigt sich, wie sich diese persönlichen Veränderungen auch auf ihr Umfeld auswirken. Was geschieht an diesem Übergang von innen nach außen, durch den die eigenen Entwicklungsschritte für andere sichtbar werden?

TEIL III

WENN DAS SYSTEM WACKELT

NEBEN DEM ICH DES MENSCHEN, um das es hier vornehmlich geht, gibt es auch ein Wir. Der einzelne Mensch hat Anteil an einer großen Gemeinschaft. Diese Gemeinschaft – die Menschheit als Ganzes – setzt sich wiederum aus verschiedenen Gruppierungen zusammen, angefangen von einer Beziehung zwischen zwei Menschen über Familien und Freundeskreise, Teams in Arbeit und Freizeit bis hin zu Bürgern einer Stadt und Mitgliedern von Nationen.

Wo Menschen in Beziehung zueinander treten, übernehmen Sie innerhalb der jeweiligen Gemeinschaft eine bestimmte Rolle. Sie werden zu einem Teil dieses sozialen Systems und tragen durch ihre Funktion dazu bei, es stabil zu halten. Diese Funktionen wechseln mit dem Übergang von einem sozialen System zum anderen. Ein Elternteil beispielsweise, das sich morgens zuerst darum kümmert, dass die Kinder pünktlich zur Schule kommen, übernimmt innerhalb der Familie eine andere Funktion als später am Arbeitsplatz in der Funktion als Arbeitnehmer.

Ähnlich wie es im persönlichen System des Menschen angelegt ist, sich selbst immer wieder auszubalancieren und für Stabilität zu sorgen, verhält es sich auch mit sozialen Systemen. Menschen haben sich in einer Gemeinschaft aufeinander eingespielt. Sie haben eine Vorstellung davon gewonnen, unter welchen Umständen das soziale System stabil funktioniert. Oft zeigt sich in Gruppen sehr schnell, wer welchen Platz einnimmt und wer welche Aufgaben ausführt. Dadurch stellen sich die einzelnen Mitglieder aufeinander ein und ergänzen sich auf sinnvolle Weise.

Wenn ein Einzelner diese eingespielten Strukturen irritiert, geraten gewohnte Abläufe und gemeinsam bestimmte Grundlagen ins Stocken. Das ruft in der Gemeinschaft erst einmal die Tendenz hervor, diese Irritationen möglichst schnell wieder rückgängig zu machen, um das verlorene Gleichgewicht wiederherzustellen. Das passiert ganz automatisch und ist aus Sicht der Gemeinschaft auch sinnvoll, weil sie eigene Interessen und Zwecke verfolgt.

Der Elternteil, der am Morgen im Bett liegen bleibt, irritiert die gewohnte Morgenroutine der Familie, wodurch die Kinder möglicherweise nicht pünktlich zur Schule kommen. Wenn er sich später am Arbeitsplatz nicht in sein eigenes Büro begibt, sondern am Schreibtisch eines Kollegen Platz nimmt, bleibt seine eigene Arbeit unverrichtet, was sich auf die Arbeitsleistung des gesamten Teams auswirkt.

Es ist hilfreich, sich über diesen Sachverhalt bewusst zu sein, wenn es darum geht, die eigenen inneren Klarheiten außen sichtbar werden zu lassen. Wenn Sie Ihr Verhalten anderen Menschen gegenüber verändern, dann wird das erst einmal für Irritation sorgen.

Wenn Sie das Bier, das Sie für gewöhnlich mit Ihrem Nachbarn trinken, ablehnen und stattdessen um ein Glas Wasser bitten, weil Sie entschieden haben, dem Alkohol zu entsagen, wirft das Fragen auf. Wenn Sie, statt dem gemeinsamen Fernsehabend mit der Familie beizuwohnen, Ihre Sportsachen zusammenpacken und das Haus verlassen, sorgt das für Irritation. Wenn Sie in der Teeküche nicht mehr still dabeistehen, wenn Ihre Kollegen über andere herziehen, sondern sich zu Wort melden, um dem Gerede Einhalt zu gebieten, ziehen Sie Aufmerksamkeit auf sich.

Indem Sie die Verantwortung für sich selbst übernehmen und dadurch etwas tun oder unterlassen, das auch andere Menschen um Sie herum betrifft, werden diese darauf reagieren. Diese Reaktionen können wohlwollend und unterstützend, neugierig und offen oder auch zurückweisend und ablehnend sein.

WER SEINE INNEREN KLARHEITEN AUSSEN ZEIGT, ÜBERNIMMT VERANTWORTUNG FÜR SEIN LEBEN.

Wenn Sie Ihrem inneren Ruf folgen und erkennen, dass es in Ihrer Verantwortung liegt, etwas in Ihrem äußeren Leben zu verändern, dann ist es nützlich, sich im Vorhinein gut auf mögliche Konsequenzen vorzubereiten.

Dazu gehört es einerseits, sich vorher in den eigenen Gewissheiten zu stärken. Die ersten Schritte auf neuen WEGEN ZUM ICH sind zumeist noch zögerlich und es fehlt noch an festem Tritt. Deswegen können sich mögliche negative Reaktionen anderer umso zerstörerischer auswirken. Finden Sie Möglichkeiten, um sich in Ihre Kraft zu bringen, und probieren Sie neue Schritte möglichst erst in Gemeinschaften aus, von denen Sie annehmen, Rückhalt zu bekommen. Mit zunehmenden Erfahrungen festigen Sie Ihre Schritte und können dann auch Gegenwind besser standhalten.

Machen Sie sich zudem bewusst, dass es eine Frage der Zeit und Ihrer Beharrlichkeit ist, dass sich die sozialen Systeme, zu denen Sie gehören, an Neuerungen in Ihrem Auftreten gewöhnen. Ebenso wie sich Ihre persönlichen Gewohnheiten erst hartnäckig gegen Veränderungen verwehren, um sich schließlich wandeln zu lassen, verhält es sich auch mit gewohnten Gemeinschaftsstrukturen. Wenn eine gewisse Schwelle überschritten ist, dann wird das, was zunächst irritiert hat, zur neuen Gewohnheit.

Diese Übergänge von innen nach außen gelingen dann, wenn Sie sowohl für Ihre eigene Stabilität sorgen als auch die Belange der anderen im Blick behalten. Es ist lohnenswert, sich dabei konsequent *und* liebevoll zu zeigen.

> **SELBSTERINNERUNG**
> Bevor ich meine inneren Klarheiten außen zeige, stärke ich mich, um mit Irritationen anderer gut umgehen zu können.

KONSEQUENZ
MIT LIEBE VERBINDEN

DIE ZUGÄNGE DIESER LANDKARTE zu *WEGEN ZUM ICH*, die erst nach innen und dann nach außen führen, sind zuallererst für den einzelnen Menschen gedacht. Sie können darin stärken, zu inneren Klarheiten zu gelangen und diese schließlich

TEIL III

konsequent in die Tat umzusetzen. Eine Konsequenz jedoch, die nur die eigenen Belange im Blick hat, ist lieblos, weil sie die Interessen anderer außer Acht lässt.

Wege, die nach innen führen, erforschen das eigene Selbstsein. Dabei darf es aber nicht stehen bleiben, sondern es müssen auch Wege nach außen gefunden werden, die das Selbstsein anderer Menschen berücksichtigen und wertschätzen. Mit dem Recht auf ein authentisches Leben geht deshalb auch die Pflicht einher, Individualität nicht auf Kosten anderer umzusetzen.

Die Herausforderung, die sich zeigt, wenn innere Entwicklungen außen sichtbar werden, liegt darin, sich in das unauflösliche Spannungsfeld aus Individualität und Gemeinschaft hineinzubegeben. Dabei gilt es, den Blick konsequent auf sich selbst und liebevoll auf andere zu richten. Die liebevolle Zugewandtheit zu anderen gründet sich in dem Wissen, dass wir alle unserem Wesen nach gleich sind. Sie blickt durch Äußerlichkeiten hindurch auf das einfache Menschsein, das hinter allem liegt und uns alle miteinander verbindet. Deswegen kann sie ein tieferes Verständnis für die Reaktionen von Menschen auf (unerwartete) Veränderungen anbahnen.

Besonders dann, wenn wir sehr bewusst vorgehen, sind wir uns darüber im Klaren, dass wir nicht grundlos tun, was wir tun, und dass unser Handeln sinnvoll ist. Das, was wir selbst von uns wissen, können aber die anderen nicht wissen. Sie waren nicht mit uns auf unseren Reisen nach innen unterwegs. Auch die (langen) Entwicklungsprozesse, die wir durchgemacht haben, bevor wir unsere Klarheiten nach außen zeigen, haben sie nicht mitverfolgt. Das heißt, wir stellen sie vor vollendete Tatsachen und zumeist wünschen wir uns auch noch, dass der Gegenwind von ihrer Seite ausbleibt und sie sich verständnisvoll zeigen. Sie jedoch können unsere Veränderungen weder nachvollziehen noch haben sie selbst zugestimmt, dass sich mit unserem Tun und Unterlassen auch etwas in ihrem Leben verändert.

Wenn wir uns selbst einmal in die Position anderer hineinfühlen, lässt sich verstehen, warum sie sich vielleicht vor den Kopf gestoßen fühlen, wenn sie weder nachvollziehen können, was vor sich geht, noch ein Mitspracherecht haben. Das führt zu Verunsicherungen, auf die Menschen je nach Temperament, Werthaltung und Ausmaß der Veränderung unterschiedlich reagieren.

Die Irritation, die mit einer Verhaltensänderung einhergeht und andere verunsichern kann, lässt sich nicht vollständig vermeiden, weil Individualität in einer Gemeinschaft nur bis zu einem gewissen Maße tragfähig ist. Wenn jeder ausschließlich tut, was er möchte, funktioniert Gemeinschaft nicht mehr, weil der Einzelne nur auf sich selbst blickt und die Belange der Gruppe missachtet.

DAS SPANNUNGSFELD ZWISCHEN INDIVIDUALITÄT UND GEMEINSCHAFT LÄSST SICH NICHT AUFLÖSEN.

Die Herausforderung für Menschen, die deswegen nicht auf ein authentisches Leben mit einzigartigem Profil verzichten möchten, besteht darin, inmitten dieses Spannungsfeldes aus Individualität und Gemeinschaft fest zu stehen. Es liegt bei ihnen, die eigenen Prioritäten bestmöglich mit denen der Gemeinschaft in Beziehung zu bringen.

TEIL III

Was können Sie tun, um Ihre WEGE ZUM ICH im Spannungsfeld zwischen Individualität und Gemeinschaft klar, selbstbestimmt und kraftvoll zu gehen?

Zuerst dürfen Sie sich fortwährend vor Augen halten, dass die Veränderungen, die Sie vornehmen, Ihren eigenen inneren Klarheiten entspringen und deshalb für *Sie* gelten, nicht aber unbedingt für andere. Sehen Sie deshalb davon ab, andere überzeugen zu wollen, dass Ihr Weg auch für sie der Beste sein könnte. Bleiben Sie konsequent bei sich und Ihrer Verantwortung für sich selbst. Mit einer solchen Grundhaltung zeigen Sie, dass es sich hier um Maßnahmen in *Ihrem* persönlichen Leben handelt, also in einem Bereich, in dem die anderen kein oder lediglich ein eingeschränktes Mitspracherecht haben. Wenn Sie diese Tatsache achtsam zeigen, haben Menschen um Sie herum keinen Grund, sich übergangen zu fühlen.

IM PERSÖNLICHEN LEBEN KONSEQUENTE ENTSCHEIDUNGEN ZU TREFFEN, IST EIN AKT DER SELBSTBESTIMMUNG.

Darüber hinaus können Sie überlegen, welche inneren Erkenntnisse Sie bereit sind, mit anderen zu teilen. Treffen Sie eine Auswahl an Gründen, die dazu geführt haben, dass Sie Ihr äußeres Leben in bestimmter Hinsicht verändern möchten. Dadurch geben Sie Ihrem Umfeld die Chance, besser zu verstehen, warum es Ihnen wichtig ist, ab jetzt bestimmte Dinge zu tun oder zu unterlassen. Zeigen Sie, dass Sie nicht aus Not heraus reagieren, weil Sie zu einem Opfer der Umstände geworden sind. Vielmehr treffen Sie aus innerer Stärke heraus

Entscheidungen über Ihr persönliches Leben, die Sie noch mehr in Ihre eigene Kraft bringen. Das demonstrieren Sie durch eine klare Haltung, mit der Sie für sich selbst einstehen, ohne sich dadurch gegen Ihr Umfeld zu stellen. Vergegenwärtigen Sie den anderen, dass auch sie davon profitieren, wenn Sie in Ihrer vollen Kraft stehen.

Bleiben Sie konsequent bei sich selbst und wenden Sie sich anderen liebevoll zu. Dadurch erleichtern Sie es Ihrem Umfeld, mit der neuen Situation umzugehen und möglicherweise fühlt sich der eine oder andere sogar inspiriert.

> **SELBSTERINNERUNG**
> Ich setze meine Selbsterkenntnisse so konsequent wie möglich um und bleibe anderen gegenüber liebevoll zugewandt.

INSPIRIEREN UND INSPIRIERT WERDEN

VIELE MENSCHEN, DIE GESCHICHTE GESCHRIEBEN HABEN, über deren Leben Bücher verfasst und Filme gedreht wurden und die zum Gegenstand wissenschaftlichen Erkenntnisinteresses werden, haben etwas gemeinsam: Sie haben in einem bestimmten Gebiet Bedeutsames erreicht, weil sie dem Ruf ihres Herzens gefolgt sind. Dadurch haben sie das Interesse anderer geweckt.

TEIL III

Solche Persönlichkeiten mit Profil sind zumeist unverwechselbar. Sie wagen es, abseits der gewohnten Pfade der Allgemeinheit zu gehen. Für ihre Visionen und Überzeugungen stehen sie mit ganzer Kraft ein und sie fordern viel von sich selbst. Sie fordern von sich selbst Höchstleistungen, weil sie wissen, dass sie einen Auftrag zu erfüllen haben. Ihr Herz ruft sie immer wieder dazu auf, sich als Werkzeug des Lebens an *ihren* Platz stellen zu lassen und dort ihr persönliches Meisterwerk zu erschaffen.

Mit ihren Ecken und Kanten fordern solche Menschen oft auch ihr Umfeld heraus. Zugleich werden sie für andere zu großen Inspirationen, weil sie es wagen, ihre einzigartigen Lebenswege konsequent zu gehen. Sie übernehmen ihre volle Selbstverantwortung für das, was sie tun und unterlassen. Sie leben vor, dass viel mehr möglich ist, als die meisten von uns zu glauben wagen. Damit appellieren sie an unser aller ureigenes Geburtsrecht: die Freiheit, uns würdevoll in die beste Version unserer selbst hinein zu entfalten und etwas in dieser Welt zu bewirken.

 **WER SICH SELBST IN SEINE PERSÖNLICHE FREIHEIT FÜHRT, INSPIRIERT AUCH ANDERE ZU IHREM AUFBRUCH IN DIE FREIHEIT.**

Damit Sie einst zu denjenigen gehören, die etwas Bedeutsames bewirkt haben, ist es zweitrangig, ob Ihr Name in die Geschichtsbücher eingeht. Bedeutsamkeit lässt sich nicht daran festmachen, wie viele Menschen schon von Ihnen gehört haben. Vielleicht haben Sie das Herz eines Kindes berührt, das von Verzagtheit entmutigt war, und ihm Zukunftsweisendes mit auf den Weg gegeben. Das ist bedeutsam. Vielleicht haben Sie jemandem die Hand gereicht, der Ihnen Schaden zugefügt hat, und Vergebung praktiziert. Das ist bedeutsam. Vielleicht sind Sie für jemanden eingestanden, der in Bedrängnis geraten war, und beschützten seine Würde. Das ist bedeutsam.

Bedeutsames schaffen Sie dann, wenn Sie Ihrem inneren Ruf folgen. Nicht etwa, weil Sie sich Ruhm und Ehre davon versprechen, sondern weil es das »Richtige« ist, sich selbst treu zu bleiben. Darin zeigt sich die Stimmigkeit Ihres Lebens, dass Sie so sehr bei sich selbst sein können, dass Sie andere dazu inspirieren, es Ihnen gleichzutun.

Ein Mensch, der seine eigene Ganzheit angenommen hat und mit sich selbst im Reinen ist, braucht sich nicht mehr permanent mit sich selbst zu befassen. Wenn seine persönliche Suche – für den Moment oder dauerhaft – in innerer Klarheit Ruhe gefunden hat, werden Kapazitäten frei, um sich wahrhaftig und aufmerksam anderen zuwenden zu können. Es mag paradox klingen, aber gerade dadurch, dass er ganz bei sich selbst ist, kann sich ein Mensch anderen mit voller Aufmerksamkeit zuwenden.

WER GANZ BEI SICH IST, KANN GANZ BEI ANDEREN SEIN.

Genau darin – indem er sich anderen achtsam zuwendet – lebt er seine persönlichen Klarheiten vor. Er zeigt, wer er wirklich ist, indem sein Reden und Handeln ausweisen, dass sein äußeres Leben bestmöglich mit seinem inneren Selbstsein übereinstimmt. Durch sein einfaches Menschsein inspiriert er – oft ohne es direkt zu beabsichtigen – andere Menschen dazu, die Stimmigkeit Ihres eigenen Lebens ebenfalls zu erhöhen. Infolgedessen werden auch sie zu Inspirationen für wiederum andere und geben zurück, was sie selbst empfangen haben. Dadurch reihen sich Menschen nach und nach auf ganz natürliche Weise in den unendlichen Kreislauf aus Geben und Empfangen ein. Statt sich von anderen abzusondern oder in Konkurrenz zu ihnen zu gehen, ergänzen sie sich gegenseitig und erschaffen gerade durch ihre Vielfalt Neues.

Wenn wir im Kleinen anfangen, andere durch unsere festen Schritte auf unseren eigenen *WEGEN ZUM ICH* zu inspirieren, und ihnen erlauben, auch uns zur Inspiration zu werden, gehen wir gemeinsam auf eine neue Erde zu.

> **SELBSTERINNERUNG**
> Indem ich mein Leben stimmig führe, inspiriere ich vielleicht auch andere für ihr Leben und erhalte Inspiration zurück.

WIE SIEHT EINE ERDE AUS, AUF DER WIR …

WENN WIR ZUGANG ZU UNSERER INNEREN QUELLE gefunden haben und unser äußeres Leben an der Weisheit ausrichten, die von dort kommt, können wir uns gegenseitig in Gemeinschaft stärken. Wir achten unsere Verschiedenheit und erkennen an, dass sie von unschätzbarem Wert ist. Wir brauchen jede und jeden von uns.

Wenn es unsere Verschiedenheit nicht gäbe, dann wäre es so, als spielte in einem Orchester jeder Musiker Violine. Für ein erstklassiges Konzert braucht es aber auch andere Instrumente, wie etwa Trompeten und Posaunen, Klarinetten und Fagotte, Violoncelli und Bratschen. Auch ein Triangel kann eine wirkungsvolle Rolle innehaben. Die Harmonie und die überwältigende Kraft und Schönheit eines musikalischen Werkes entstehen gerade durch das meisterhafte Zusammenspiel von Verschiedenem.

SPIELEN WIR UNSER EIGENES INSTRUMENT MEISTERHAFT ALS WICHTIGER TEIL DES ORCHESTERS DES LEBENS!

Die wahre Meisterschaft erlangen wir nicht für uns allein. Die Kür besteht darin, einander stärkende und weise Weggefährten zu sein, die jeder für sich *und* in Gemeinschaft der Spur ihrer Meisterschaft folgen. Die Kür liegt darin, dass Menschen ihre Persönlichkeiten wie Zahnräder ineinandergreifen lassen und sich optimal ergänzen, sodass aus ihrem Zusammenwirken Neues entstehen kann.

Behalten wir bei aller Sicht nach innen auch im Blick, dass das Leben nicht nur die Momente von stiller Einkehr nutzt, um neue Erkenntnisse in uns reifen zu lassen. Es übermittelt uns seine Botschaften auf vielfältige Weise, so auch im Kontakt mit anderen oder durch Bücher, Musik und Filme. Nach innen zu gehen, heißt nicht, sich abzuschotten. Ganz im Gegenteil:

WER NACH INNEN GEHT, ÖFFNET SICH GANZ FÜR DIE LIEBE.

Bringen wir es gemeinsam wahrhaftig zur Meisterschaft der Liebe, indem wir von innen nach außen leben, mit beiden Beinen fest auf dem Boden dieser Erde stehend und zugleich ausgestreckt gen Himmel. Ergründen wir immer wieder, was *wir* selbst dazu beitragen können, um unser eigenes Leben, dasjenige anderer, ja diese Erde zu verschönern. Werden wir uns Schritt für Schritt noch klarer darin, wer wir wirklich sind und worin unser Einflussbereich besteht, um diese Erde zunehmend in einen Ort der Liebe zu verwandeln. Lassen wir unsere WEGE ZUM ICH klar, selbstbestimmt und kraftvoll in WEGE ZUM WIR einmünden.

WIE SIEHT EINE ERDE AUS, AUF DER WIR ...

... die **Fülle** des Lebens **dankbar** ehren und uns großzügig in den Kreislauf aus Geben und Empfangen einbringen?

... den Lauf der Dinge **gelassen** annehmen, weil wir wissen, dass das Leben **Gnade** ist und seiner guten Ordnung folgt?

... **gütig** auf uns selbst, andere und das Leben blicken und die Fesseln der Vergangenheit durch **Vergebung** auflösen?

... uns voller **Vertrauen** dem Leben zuwenden und in Herausforderungen unsere eigene **Verantwortung** annehmen?

WIE SIEHT EINE ERDE AUS, AUF DER WIR ...

... unsere *Ganzheit* mit all ihren Facetten vollends akzeptieren, sie lieben und unser Menschsein darin *heilen* lassen?

... *freudvoll* unsere individuellen *Potenziale* entdecken und entfalten, um unserem eigenen inneren Ruf zu folgen?

... mit bedingungsloser *Liebe* Ängste überwinden und die persönlichen *Kräfte* in uns selbst und anderen aufwecken?

... *authentisch* sind und die kleinen Freiheiten des Alltags nutzen, um sie in die große *Freiheit* aller münden zu lassen?

WIE SIEHT EINE ERDE AUS, AUF DER WIR ...

... unser äußeres Leben mit unserem Inneren in *Harmonie* gebracht und *Geborgenheit* in uns selbst gefunden haben?

... zum inneren und äußeren *Frieden* beitragen, weil wir in uns selbst und im gegenwärtigen Moment *ruhen* können?

... unsere Würde zwischen Himmel und Erde *entfalten*, weil wir uns selbst in unserem Menschsein *erkannt* haben?

... uns unserer *Verbundenheit* mit allem Sein bewusst werden, weil wir uns unserer *spirituellen* Dimension öffnen?

SELBSTERINNERUNG

Wenn ich *jetzt* meine *WEGE ZUM ICH* gehe, trage ich dazu bei, dass Schritt für Schritt eine neue Erde entstehen kann.

TEIL III

ZUSAMMENFASSUNG UND ÜBUNG

SELBSTERINNERUNG 1: Bevor ich meine inneren Klarheiten außen zeige, stärke ich mich, um mit Irritationen anderer gut umgehen zu können.

SELBSTERINNERUNG 2: Ich setze meine Selbsterkenntnisse so konsequent wie möglich um und bleibe anderen gegenüber liebevoll zugewandt.

SELBSTERINNERUNG 3: Indem ich mein Leben stimmig führe, inspiriere ich vielleicht auch andere für ihr Leben und erhalte Inspiration zurück.

SELBSTERINNERUNG 4: Wenn ich *jetzt* meine WEGE ZUM ICH gehe, trage ich dazu bei, dass Schritt für Schritt eine neue Erde entstehen kann.

ÜBUNG: VERSTÄNDNIS VERTIEFEN

Jeder von uns kann dazu beitragen, dass wir einander wertschätzend im Spannungsfeld von Individualität und Gemeinschaft begegnen. Wir können üben, ein tieferes Verständnis füreinander zu entwickeln. Die Grundannahme, die die Tore zu einem solchen Verstehen öffnen kann, besteht darin, dass jeder Mensch ein Wesen der Liebe ist und sein Bestes gibt. Was er denkt, tut und unterlässt, ist im Kontext seines eigenen Lebens sinnvoll. Wenn er unverständlich oder gar »böse« handelt, kennt er in diesem Moment keinen besseren und liebevolleren Weg, um für das einzustehen, was ihm besonders wichtig ist. In der nächsten Situation, in der Sie versucht sind, das Verhalten eines anderen zu kritisieren, können Sie sich stattdessen fragen: Was liebt dieser Mensch gerade so sehr, dass er auf diese Weise handelt? Vielleicht kommen Sie sogar mit ihm in Kontakt, um Näheres über seine Beweggründe zu erfahren.

ÜBER DIESES BUCH

ICH HATTE MICH FÜR EINIGE TAGE DES SCHWEIGENS in ein
Kloster zurückgezogen, um innezuhalten. In dieser Zeit lud ich diejenige
Stille in mich ein, die irgendwann »hörbar« wird. »Hörbar« werden Er-
kenntnisse, Ideen, Gedanken und Gefühle, die sich ab einem bestimm-
ten Punkt nicht mehr daraufhin unterscheiden lassen, ob sie sich ihren
Weg in die Stille hinein- oder aus ihr herausbahnen.

Dies geschieht gerade dann, wenn wir alles Suchen niedergelegt haben
und nichts mehr zu erzwingen versuchen. In solchen Momenten erhalten
wir jene Impulse, die wir in der Geschäftigkeit unseres Alltags oft gar nicht
wahrnehmen. Diese Impulse sind wie flatternde Schmetterlinge, die kommen und wieder gehen, wenn wir uns ihnen nicht aufmerksam genug zuwenden. Laden wir sie hingegen achtsam ein, zu bleiben und sich uns in
ihrer atemberaubenden Schönheit zu zeigen, dann umtanzen sie uns und
präsentieren sich uns in ihrer vollen Pracht.

Einem Impuls dieser Art schenkte ich in jenen Tagen besonders meine Aufmerksamkeit. Ich entdeckte in mir die Freude am Malen wieder, die ich schon lange unbeachtet gelassen hatte. Viele Jahre hatte ich mich auf Studium und Wissenschaft konzentriert. Der Preis, den ich für diese kostbare Zeit zahlte, lag auch darin, anderen meiner Interessen weniger Raum zu geben, so auch dem Malen.

Nun kam der Wunsch an die Oberfläche, diese Seite meiner Persönlichkeit neu aufleben zu lassen. Das Leben hatte bereits vorgesorgt und bestärkte mich in meinem Entschluss. Lange vor meinem Besuch in diesem Kloster war eine andere Frau da gewesen und hatte einen großen Kasten hochwertiger Farbstifte zurückgelassen. Sie selbst hatte von dem Equipment profitiert und wollte auch andere mit der Möglichkeit beschenken, sich während der Zeit in der Stille in Bildern auszudrücken. Ich nahm dieses Geschenk dankbar an und brachte Formen und Farben zu Papier.

Dies war ein bedeutsamer Schritt auf meinen eigenen WEGEN ZUM ICH, der schließlich die Grundlage für dieses Buch bildete. Welche anderen Schritte noch auf mich warteten, bevor Sie heute das Resultat meiner Innenschau in Händen halten können, habe ich damals nicht vorausgesehen. Der Weg vom ersten Impuls bis zur Veröffentlichung war in mancherlei Hinsicht intensiv und auch herausfordernd. In diesem ganzen Chancenreichtum des Wachstums verlor ich niemals den Gedanken, der sich mir damals offenbart hatte: »Male! Es wird ein Buch daraus entstehen!«

Ich wurde stets mit allem versorgt, was ich während des gesamten Prozesses brauchte. Es entstand eine Reihe von zwölf Bildern mit dazugehörigen Inspirationstexten, denen ich den Titel WEGE ZUM ICH gab. Auch alle weiteren Schritte zur Fertigstellung dieser Landkarte zeigten sich mir zuverlässig zur richtigen Zeit und auf geeignete Weise.

Menschen beschenkten mich mit Ideen, sie dachten mit und fragten nach, konfrontierten mich, verschlossen die einen Türen und öffneten andere. Nicht alles war mir sofort verständlich. Ich durfte mich in Vertrauen üben und das Beste aus allem machen. Dies ist das formgewordene Resultat.

 **_WEGE ZUM ICH_ IST DAS ERGEBNIS EINER MIT BEHARRLICHKEIT IN DIE TAT UMGESETZTEN INNENSCHAU.**

Ich teile diese Details zur Entstehungsgeschichte des Buches hier mit Ihnen, um Ihnen bewusst zu machen, dass das, was Sie gerade anfassen, mit einem einzigen Impuls in einem Moment der Innenschau begonnen hat. Diesem zarten Augenblick ist es zu verdanken, dass Schritt für Schritt etwas entstehen konnte, das nun noch andere Menschen dazu einlädt, auch davon zu profitieren.

Dies ist meine Einladung an Sie: Spüren Sie weiterhin Ihren inneren Impulsen nach und lassen Sie sich vom Leben dazu anleiten, außen sichtbar werden zu lassen, was innen begonnen hat. Ihr innerer Ruf hat seinen Sinn, auch wenn Sie ihn (noch) nicht kennen.

Ich freue mich darauf, Tag für Tag mit Ihnen gemeinsam auf der Übungsmatte des Lebens zu erscheinen!

NACHWORT

ZU BEGINN – IM VORWORT – HABE ICH meinen Wunsch ausgedrückt, einen einzelnen Menschen mit diesem Buch berühren zu wollen. Meine Arbeit hätte sich gelohnt, wenn sie einen Einzelnen darin unterstützte, sich selbst zu stärken, sich noch klarer über seine Selbstverantwortung zu werden und sein Leben dann in seiner freiesten, schönsten und liebevollsten Version zu führen.

Sind Sie nun dieser Mensch? Gehören Sie zu den »Einzelnen«, die erkannt haben, dass sie bei sich selbst anfangen müssen, wenn sie Veränderungen in dieser Welt sehen möchten? Wie klar ist Ihnen bereits, dass Sie – genau Sie (!) – einen entscheidenden Beitrag dazu leisten, dass sich die Menschheit weiterentwickelt?

Je mehr »Einzelne« erkennen, wie wichtig ihr Fühlen, Denken und Handeln für uns alle ist, desto wacher und bewusster werden sie wählen, wie sie innen und außen leben. Sie werden wissen, dass das, was sich einst in der Welt zeigt, in ihren Herzen seinen Anfang nimmt. Sie werden wissen, dass die Schritte, die sie mit ihren Füßen gehen, und die Tätigkeiten, die sie mit ihren Händen verrichten, sichtbar machen, wer sie wirklich sind und was ihnen wichtig ist. Sie werden wissen, dass jede einzelne Etappe auf ihren persönlichen Wegen zu einem Segen für alle werden kann, weil die *WEGE ZUM ICH* den *WEGEN ZUM WIR* vorausgehen.

Wer Sie sind und was Sie tun, ist wichtig, sowohl für den Fortgang Ihres persönlichen Lebens als auch für den Fortgang unserer kollektiven Entwicklung. Seien Sie einer der unzähligen Einzelnen, die sich mit sich selbst auf einen bewussten Weg begeben und im Kleinen beginnen, das Große konsequent und liebevoll zu wandeln. Gemeinsam werden wir es schaffen!

DANK

ZUNÄCHST GILT MEIN DANK IHNEN, liebe Leserin, lieber Leser. Ohne Sie wäre dies eine gebundene Sammlung von Blättern mit Buchstaben, Formen und Farben. Diese Landkarte wird erst dadurch lebendig, dass Sie sich mit ihr befassen und aktiv werden. Eine Landkarte verliert ihren Nutzen, wenn niemand die Schönheit der tatsächlichen Landschaft mit ihr erkundet. Wenn Sie diese Zeilen lesen, werden Sie bereits etwas aus diesem Buch gemacht haben. Was es auch sein mag, es kann ein wertvoller Beitrag zu einer Welt sein, in der mehr und mehr Menschen bewusster von innen nach außen leben und dadurch sich selbst und anderen zum Geschenk werden. Dafür danke ich Ihnen!

Ich bin den inzwischen zahlreichen Menschen dankbar, die ihre Erfahrungen, ihr Wissen und ihre Ansichten mit mir geteilt haben. Ohne sich dessen bewusst zu sein, haben sie mich etwa durch Bücher oder Audio- und Videoformate bereichert. Sie sind mir zu wichtigen Lehrern geworden und mein Herz kennt ihre Namen.

Darüber hinaus gibt es Menschen, die meine persönlichen *WEGE ZUM ICH* lange und intensiv begleitet haben. Sie sind schnell und langsam mit mir gegangen. Sie sind mit mir gehüpft, gesprungen, getanzt, hingefallen und wieder aufgestanden. Sie haben mit mir pausiert und mich zum Weitergehen ermutigt. Sie haben mit mir die Schönheit der Landschaft zelebriert und mich auf manches am Wegesrand hingewiesen, was ich selbst vermutlich übersehen hätte. Manche von ihnen haben mir auch Steine in den Weg gelegt, die ich nutzen durfte, um mich in Geduld, Liebe und Friedfertigkeit zu üben. Einige dieser Menschen sind zu langfristigen Begleitern geworden, mit anderen habe ich einzelne Etappen zurückgelegt, nach denen wir uns wieder voneinander verabschiedet haben. Ihnen allen gilt mein aufrichtiger und tiefer Dank für Erfahrungen, die ich machen durfte, weil es sie gab und gibt.

Viele Menschen haben dazu beigetragen, dass dieses Buch entstehen konnte. Manche von Ihnen kenne ich kaum, andere sind mir sehr vertraut. Zu denjenigen, die mir unbekannt sind, gehören Menschen, die mir irgendwo auf meinen täglichen Wegen – etwa an einer Ladenkasse, bei Aufenthalten in der Natur oder im Rahmen von Veranstaltungen – begegnet sind. Manche haben mir allein durch ihre Anwesenheit wertvolle Impulse für mein weiteres Nachdenken und Schreiben gegeben. Aus einigen Spontanbegegnungen sind Gespräche, Fragen und Erlebnisse hervorgegangen, die meine Arbeit bereichert haben. Obwohl ich diese Menschen hier namentlich nicht nennen kann, danke ich ihnen und dem Leben, dass sie meine Wege unerwartet passiert haben und ein paar Schritte mitgegangen sind.

Für intensive Durchsicht des Manuskripts danke ich insbesondere **STEFANIE DIETRICH, HANS SIEGMANN, ILKE TEXTER** und **JESSICA WALDEN**. Ich danke ihnen für weiterführende Anmerkungen, konstruktives Mitdenken, sinnvolle Korrekturen und bereichernde Kreativität, für menschliche Begegnungen, für gute Fragen und ihre hilfreiche Unterstützung. **ILKE TEXTER** danke ich darüber hinaus noch für ihren unermüdlichen und pragmatischen Einsatz bei ganz praktischen Angelegenheiten rund um diese Veröffentlichung.

JOACHIM KAMPHAUSEN danke ich für seine Offenheit und sein Vertrauen, die er mir mit der Aufnahme dieses Buches in das Verlagsprogramm von jkamphausen entgegenbringt. Den Mitarbeitern des Verlages danke ich für ihre professionelle und kompetente Begleitung dieses Buchprojekts. Dazu gehören insbesondere **AMELIE ULLRICH** für Projektbetreuung und Herstellung, **RICHARD RESCHIKA** für das Korrektorat, **KIM WALLA** und **JULIA MEIER** für das Marketing sowie **NICOLE ENGELS** für den Vertrieb.

DR. MATTHIAS STEPHAN danke ich für seine langjährige Freundschaft, gemeinsames visionäres Denken und seine Umsetzungsstärke. GERLINDE DÜBELER und ULRICH WÜSEKE danke ich für bereicherndes Miteinander, persönlichen Austausch und achtsame Weiterentwicklung. Ich danke meinen Eltern EVA und HEINRICH BRECHMANN sowie meiner Schwester JOHANNA BRECHMANN für ihre unerschütterliche Liebe, kraftspendende Nähe und vertrauensvolle Unterstützung. Sie haben mit mir Berge erklommen und Täler durchwandert. Sie haben Durststrecken mit mir durchgestanden und Bergfeste gefeiert. Ich danke meinem Ehemann STEFFEN LAUFER. Ob leichte oder herausfordernde Etappen, er ist mir zu einem wichtigen und innigen Weggefährten geworden. Mit ihm gemeinsam darf ich Freude und Herausforderungen teilen und meistern. Seine Perspektiven, sein kluger Geist, seine Offenheit für Neues, sein Mut zur Konfrontation, seine Beharrlichkeit und seine Liebe lassen uns gemeinsam wachsen. Ich danke ihm auch für seine vielfältige Unterstützung in unterschiedlichen Phasen der Entstehung dieses Buches.

Abschließend danke ich dem *ALLES-IN-ALLEM*. Ich bin mir bewusst, dass ich auf meiner persönlichen Übungsmatte des Lebens niemals alleine stehe.

ÜBER DIE AUTORIN

WÄHREND ICH DIESE ZEILEN SCHREIBE, ist die Endproduktion des Buches im vollen Gange. Der Verlag bat mich, noch einige autobiographische Informationen zu verfassen, die dann am Ende zu mir als Autorin erscheinen würden. Was soll ich sagen? Ich tue mich schwer damit. Üblicherweise steht an besagter Stelle »Über den Autor«, warum er besonders qualifiziert ist, dieses Buch geschrieben zu haben. Mehr oder weniger wahrheitsgetreue Angaben werden gekonnt in Szene gesetzt, um den Autor im besten Licht erstrahlen zu lassen. Nun sitze ich hier und frage mich: Was qualifiziert mich eigentlich, dieses Buch geschrieben zu haben?

Meine ehrliche Antwort darauf lautet: Ich weiß es nicht. Sicherlich gibt es eine Vielzahl an Begegnungen, Ereignissen und Stationen in meinem Leben, die mich dazu bewogen haben, zu fragen, was ein klares, selbstbestimmtes und kraftvolles Leben auszeichnet. Dazu gehört, dass ich als Lehrerin an der Förderschule mit Kindern auf der Schattenseite des Leben um einen für sie passenden Platz in dieser Welt gerungen habe. An der Universität habe ich erforscht, wie und warum Mediation als Konfliktregulationssystem funktioniert und was das mit unserer Fähigkeit zu tun hat, (Selbst-)Verantwortung zu übernehmen. Als Mediatorin bin ich mit Menschen durch ihre Herausforderungen gegangen und habe sie darin begleitet, Lösungen für ihre Konflikte zu finden. In Coachingsituationen stand ich Führungskräften zur Seite, die ihre Verantwortung als Multiplikatoren in der Wirtschaftswelt ernst nehmen und einen echten Beitrag zu einem bewussten Umgang mit Mensch, Tier und Umwelt leisten möchten. Und dann sind da noch meine ganz persönlichen Erlebnisse; meine schwachen und starken Momente, Herausforderungen, die mich geläutert haben, und erhebende Augenblicke, die mich erkennen ließen, dass es so vieles zwischen Himmel und Erde gibt, was mein beschränkter Verstand nicht einmal im Ansatz erfassen kann. Aber all das erklärt noch immer nichts. Meine Antwort bleibt die gleiche: Ich weiß nicht, was mich dafür qualifiziert, Autorin dieses Buches zu sein.

Ich habe eine Aufgabe angenommen, die das Leben mir angetragen hat. Ich habe mich an die Schnittstelle zwischen innen und außen, zwischen Spiritualität und Weltlichkeit, zwischen Hingabe und Eigenverantwortung gestellt und versuche, die vielfältigen Aspekte des Lebens miteinander zu vermitteln. Ich versuche, Brücken zu bauen, wo (noch) keine sind, und weiterzugehen, wo die Wege aufzuhören scheinen, weil ich fest davon überzeugt bin, dass unsere *WEGE ZUM ICH* bedeutsam sind. Sie sind bedeutsam für uns als Einzelpersonen, für die Menschen, deren Leben wir berühren und für die kollektive Weiterentwicklung unserer Spezies und damit unseres gesamten Lebensraums. Dieses Buch ist ein Beitrag dazu. Es gründet auf Ergebnissen meines Nachdenkens, auf meinen eigenen Erfahrungen und ganz persönlichen Momenten der Einsicht. Nicht mehr und nicht weniger.

DR. WIEBKE-LENA LAUFER ist evangelische Theologin und Mediatorin mit dem Schwerpunkt Wirtschaft. Als Autorin, Vortragsrednerin und Trainerin gibt sie Menschen Impulse, die ihr Potenzial bestmöglich entfalten möchten, um ihr Leben passgenau zu führen und im Business mit Authentizität erfolgreich zu sein.

Noch ein Wort der Autorin:

SEHR GERN HABE ICH HIER WISSEN und Erkenntnisse aus vielen Jahren meines eigenen Erforschens und Arbeitens mit Ihnen geteilt. Ich freue mich, wenn Sie aus den Inhalten das Beste für sich persönlich machen! Darüber hinaus wäre ich Ihnen für Ihre Mithilfe dankbar. Zum einen ist jede Weiterempfehlung dieses Buches ein wichtiger Beitrag dazu, dass sich immer mehr Menschen noch bewusster auf ihre individuellen *WEGE ZUM ICH* begeben. Diese können schließlich in *WEGE ZUM WIR* einmünden und zur Entstehung einer neuen Erde beitragen. Zum anderen möchte ich von Ihnen lernen, um meine eigenen Beiträge dazu in Form von zukünftigen Büchern und weiteren Angeboten so zu gestalten, dass sie optimalen Nutzen bieten. Zu diesem Zweck sind mir Ihre Rückmeldungen, Fragen und Anregungen zu diesem Buch sehr willkommen. Melden Sie sich gern: **direkt@wiebkelenalaufer.com**

DRANBLEIBEN

WAS KÖNNTEN IHRE NÄCHSTEN SCHRITTE auf Ihren *WEGEN ZUM ICH* sein, damit Sie jetzt dranbleiben?

1. Nutzen Sie weitere Vertiefungsangebote.

AUF DER WEBSITE ZUM BUCH unter https://www.wegezumich.com/dranbleiben/ entstehen für Sie nach und nach weitere Möglichkeiten, um Ihre Prozesse auf Ihren *WEGEN ZUM ICH* zu konkretisieren, zu vertiefen und zu erweitern. Tragen Sie sich in den Newsletter ein, um informiert zu sein und zu profitieren.

2. Nutzen Sie den vierzehntägigen Intensivkurs.

LADEN SIE SICH DAS KOSTENFREIE Willkommenspaket mit der »14-Tage-Challenge« unter https://www.wiebkelenalaufer.com/willkommen/ herunter. Mit diesem Programm können Sie systematisch weiter daran arbeiten, Ihre Selbstwirksamkeit durch noch mehr Klarheit, Selbstbestimmtheit und Kraft zu stärken.

3. Wählen Sie geeignete Souvenirs aus.

WENN SIE SICH VON DEN BILDERN in diesem Buch haben berühren lassen, dann möchten Sie sich vielleicht mit ausgewählten Souvenirs an Ihre Reisen nach innen erinnern. Sie können Ihre Umgebung so gestalten, dass Sie sie darin stärkt. Alle Bilder zum Buch finden Sie im online-Shop unter https://www.wll-shop.de.

4. Vernetzen Sie sich mit Gleichgesinnten.

SIE KÖNNEN IHRE SCHRITTE auf den *WEGEN ZUM ICH* weiter erproben und festigen, indem Sie sich so oft wie möglich – offline und online – mit Menschen und Inhalten umgeben, die Sie bestärken, weiterzugehen.

Offline:

Finden Sie Gleichgesinnte und laden Sie sie dazu ein, sich mit Ihnen über dieses Buch auszutauschen. Gemeinsam entstehen neue Erkenntnisse und weitere Dimensionen im Denken, Fühlen und Handeln.

Online:

Das Internet bietet hervorragende Möglichkeiten, um sich fortlaufend mit Impulsen zur persönlichen Weiterentwicklung zu versorgen. Möchten Sie auch die Kanäle von Wiebke-Lena Laufer besuchen?

»WEISHEIT«

»LEBENSORDNUNG«

»HERZENSKRAFT«

»DIE STURMSTILLUNG«

»ICH SEHE DICH«

»LEBENSENERGIE«

»DIE TORHEIT DES KREUZES«

»FREIHEIT«

»MEIN SEELENFELD«

»AM OSTERMORGEN«

»EINFACHE WEIHNACHT«

»DIE GÖTTLICHE ORDNUNG DES LEBENS«